房地产生命周期融资与发展创新

黄鹏杰　著

中国商业出版社

图书在版编目（CIP）数据

房地产生命周期融资与发展创新 / 黄鹏杰著 . -- 北京 : 中国商业出版社 , 2019.12
ISBN 978-7-5208-1055-5

Ⅰ . ①房… Ⅱ . ①黄… Ⅲ . ①房地产金融－研究－中国 Ⅳ . ① F832.45

中国版本图书馆 CIP 数据核字 (2019) 第 278003 号

责任编辑：袁　娜

中国商业出版社出版发行
010-63180647　www.c-cbook.com
（100053　北京广安门内报国寺 1 号）
新华书店经销
天津雅泽印刷有限公司印刷

★　★　★　★　★

787 毫米 ×1092 毫米　32 开　5.75 印张　120 千字
2020 年 9 月第 1 版　2020 年 9 月第 1 次印刷
定价：40.00 元

★　★　★　★

前言

随着改革开放的不断深入，我国的房地产业得到了长足的发展。房地产企业作为重要的支柱产业，其生存和发展对中国资本市场和国民经济的稳定起着举足轻重的作用。作为资本密集型产业，解决资本需求已成为其发展面临的紧要问题。

第一，房地产开发的过程与筹资和运作密切相关。在房地产项目开发过程中，资金需求量大且集中。企业能否成功融资，关系到房地产项目能否顺利进行甚至影响到企业的生存和发展。房地产业的健康运行在国民经济发展中发挥着重要作用，有效解决房地产业的融资问题，是促进房地产业健康发展的首要条件。

第二，近年来，我国房地产相关的宏观政策不断调整，一系列政策对房地产开发企业的融资策略产生了巨大影响。过去，以银行贷款为主要融资方式的房地产开发企业普遍面临着前所未有的资金短缺压力。因此有必要尽快建立多层次，多元化的融资网络。

企业生命周期阶段是确定房地产开发企业融资策略的基本出发点，是整个融资策略的主线。只有准确把握企业生命周期的阶段，才能最终促进房地产开发企业融资多元化模式的建立。

第三，在房地产企业融资环境发生变化的情况下，房地产投资信托、私人基金等各种融资方式逐渐活跃于房地产融资市场。但是，房地产企业的发展阶段不同，可用的融资方式、融资方法的成本和所需条件也不同，风险也不同。因此，不同阶段的融资方式组合对企业的资本结构和发展产生不同的影响。

第四，结合融资理论和企业生命周期理论，分析国内房地产企业的各种融资渠道，分析国内房地产企业在不同生命周期内的融资组合，可以帮助房地产企业摆脱融资困境，并指导他们在企业生命周期的不同阶段选择不同的融资工具组合。

笔者在撰写本书的过程中，借鉴了许多前辈的研究成果，在此表示衷心的感谢。由于笔者水平有限，加之撰写时间仓促，书中难免存在不妥和疏漏之处，恳请广大读者批评指正。

目录

绪论：房地产与房地产业

房地产是社会经济生活中重要的物质生活资料之一。随着城市化和城市现代化的快速发展，城市住房制度改革正在逐步推进，房地产和消费市场的开发建设呈现出供求双赢的趋势。

第一节　房地产

房地产是房屋财产和土地财产的合称，是房屋和土地在经济方面的商品体现。

《房地产估价规范》(GB/T50291）对房地产的定义是：土地、建筑物及其他地上定着物，包括物质实体和依托于物质实体上的权益。其中，土地是指地球表层的陆地部分及其以上、以下一定幅度空间范围内的全部环境要素。建筑物是指人工建筑而成的房屋与构筑物。在建筑物中，房屋是指封闭可用空间并直接有人居住或进入的建筑物；构筑物则是固定的人类创造物，可以间接满足人们的使用需求，并且是独立于房屋的建筑物，例如墙壁，烟囱，水塔等。地面上的其他固定物体是指这些物体不能与土地和建筑物分开的构筑物，或是也可以分开，但在分开后会损坏土地和建筑物（例如树木）的功能或完整性。

一、房产

房产是指在法律上有明确权属关系的房屋财产，其主要包括住宅、厂房、仓库，以及商业、服务、办公、文化、教育、医疗、体育、公共设施等多方面的用房。

房产作为一种财产权，不仅体现了满足人们物质需求的基于房屋自然属性的关系，还体现了基于物质利益的不同主体之间的关系。

目前，中国的房地产概念在一定程度上仍独立于土地所有权。同时，房屋和土地管理仍由不同部门执行。当前的系统还将土地和建筑物视为不同的房产。

二、地产

地产是指在法律上有明确权属关系的土地财产，其具体内容主要包括城镇土地、农村土地、耕地、荒地、风景区、自然保护区以及其他陆地面积及其上下空间。地产有广义与狭义之分。狭义的地产，是指具有清晰合法所有权关系，可以由所有者、经营者和使用者开发经营的，可以带来相应经济利益的建设用地；广义的地产只是自然界中土地财产的含义，是指具有明确法律所有权关系的土地，土地由土地材料（纯自然土地）和所有资本土地组成。地产是指土地作为财产，也指从事土地开发和经营的行业。

三、房产与地产的关系

（一）房产与地产的一致性关系

《中华人民共和国城市房地产管理法》（以下简称《城市房地

产管理法》）规定："房地产转让、抵押时，房屋的所有权和该房屋占用范围内的土地使用权同时转让、抵押。"

根据《中华人民共和国物权法》(以下简称《物权法》）第一百八十二条规定："以建筑物抵押的，该建筑物占用范围内的建设用地使用权一并抵押。以建设用地使用权抵押的，该土地上的建筑物一并抵押。抵押人未依照前款规定一并抵押的，未抵押的财产视为一并抵押。"

(二) 房产与地产的相互依存关系

房产和地产取得的目的是开发房地产，必须以依法取得的土地使用权为基础。因此，土地使用权与房屋产权之间存在着紧密联系，相互依存的关系。

(三) 房产与地产的差异性关系

房产是建筑物；地产是指土地使用权明确的土地，中国地产是指有限期间的土地使用权。其差异性主要表现在属性、增值规律、价格构成、权属性质等几方面。

第二节　房地产业

房地产业是指从事土地和房地产开发、经营、管理和服务的行业。住房和城乡建设部（原建设部)《关于发展城市房地产业的报告》对房地产业的定义是："土地的开发，房屋的建设、维修、管理，土地使用权的出让、转让，房屋所有权的买卖、租赁，房地产的抵押，以及由此而形成的房地产市场。"①

---

① 罗炜，李文秀，齐栋梁．房地产法规第 2 版 [M]. 北京：北京理工大学出版社，2016.

一、房地产业的内容

根据《国民经济行业分类》(GB/T 4754-2011)的规定，房地产业主要包括以下内容：

(一)房地产开发经营

房地产开发经营是指房地产开发企业进行的房屋开发、基础设施建设等活动，以及房地产开发项目的转让、房屋买卖等活动。

(二)物业管理

物业管理是指物业服务企业按照合同，维护和管理房屋、配套设施、设备和有关场所，维护环境卫生和有关秩序的活动。

(三)房地产中介服务

房地产中介服务指房地产咨询、房地产价格评估、房地产经纪等活动。

(四)自有房地产经营活动

自有房地产的经营活动，是指房地产开发商、房地产经纪，房地产公司以及房地产企业以外的单位和居民自有房地产(土地，房屋，生产经营用房和办公用房)的营利性租赁活动，以及房地产管理部门、企事业单位和机关提供的非营利性租赁服务，以及居民自住所住房形成的住房服务。

二、房地产业的基本特征

(一)基础性

人们的生活和作息与房地产密不可分，各行各业开展生产经营活动与房地产密不可分。房地产不仅是人们生活的重要基本条件，而且是社会经济发展的重要基本条件。因此房地产对于整个社会具有重要的基础性作用。

（二）系统性

房地产业的范畴与许多产业不同，需经过生产、流通、经营、消费直至服务管理的全过程。房地产开发的全过程是一个系统的工程，每个环节都会影响房地产开发的经济、社会和环境效益。

（三）高风险、高利润性

房地产业是一个风险性较大的产业，同时也是一个高利润的产业。在社会经济繁荣时期，房地产业更加繁荣，其利润高于平均社会利润，甚至更高。在经济萧条时期，房地产行业可能会经历大萧条。

三、房地产业的地位与作用

房地产是国民经济发展的基本要素，也是城市建设的重要组成部分。任何行业的发展都与房地产行业密不可分。房地产业是发展国民经济、改善人民生活的基础产业之一。作为国民经济的主导产业，它在现代社会经济生活中发挥着重要作用。房地产的功能主要表现在以下几个方面：

(1) 可以为国民经济的发展提供重要的物质条件。

(2) 可以改善人们的居住和生活条件。

(3) 有利于产业结构的合理调整。

(4) 可以改善投资环境。

(5) 有利于城市规划的实施。

(6) 可以为城市建设开辟重要的资金积累渠道。

(7) 可以带动相关产业，如建筑、建材、化工、轻工、电器等工业的发展。

(8) 有利于深化住房制度的改革，调整消费结构。

(9) 有利于吸引外资，促进经济发展，扩大就业面。

第三节　房地产行业生命周期分析

一、房地产企业融资概述

融资是指资金从提供者到需求者的转移过程。该过程包括两个方面：由资金提供者提供资金和由资金需求者得到资金。这是一个双向交互过程。房地产融资是指在房地产开发、建设、经营、管理、服务和消费过程中，通过货币流通和信贷渠道的集资、融资和筹资活动。纵观中国房地产融资渠道的发展，有一系列传统的融资渠道，例如债务融资、自有资金、预收款和房地产债券。由于严格的国家审批标准等原因，传统的融资渠道在实际操作中受到限制，但其融资能力不容小觑。

二、房地产企业融资的影响因素

房地产融资的影响因素主要分为内部因素和外部因素。内部因素主要包括企业经营，企业规模，企业所有权等因素，外部因素包括国家政策控制，行业总体情况，通货膨胀水平等因素。在现代经济中，房地产融资与居民，房地产开发企业及相关经济部门直接或间接相关，这决定了房地产融资活动与客观外部环境的关系更为密切。一般来说，房地产开发企业应在生命周期的阶段采用最合适的融资方式。

三、房地产行业的生命周期

作为整个宏观经济的一部分，房地产经济的趋势与宏观经济并不完全相同，但也像宏观经济一样，受各种因素的影响，存在明显的周期性波动。在房地产波动过程中，有四个阶段：复苏、繁荣、衰退和萧条。在这四个阶段，房地产市场表现出不同的特征。

（一）复苏阶段

具体来说，恢复阶段从上一个周期的最低点开始，产出和价格都处于最低水平。随着经济的复苏，生产的恢复和需求的增长，价格开始逐渐回升。随着需求的拉动，房地产供给也开始增加，少数房地产投机者开始寻求机会。随着房地产市场的进一步复苏，市场参与者充满了乐观，土地市场和房屋置换市场变得活跃起来。银行增加了对房地产的抵押贷款，其他渠道的新资金也开始进入房地产领域，从而促进了房地产业的发展。

（二）繁荣阶段

经过一定时期发展后，房地产业开始进入繁荣阶段。繁荣阶段是经济周期的顶峰阶段。当投资需求和消费需求的持续增长超过产出的增长时，刺激价格迅速上涨。房地产开发项目和建设的数量进一步增加，其他行业的大量企业纷纷进入房地产行业，追求高利润。房地产价格已明显上涨，房地产泡沫一直在显示和扩大。银行抵押贷款激增，房地产市场的投机活动变得普遍，参与者普遍获利，参与的热情空前，房价难以企及，价格泡沫巨大，社会开始呼吁限制房地产投机。

（三）衰退阶段

在经济周期达到顶峰之后，由于宏观基本面或政策的突然变化，许多人开始对房地产市场感到悲观。从事房地产投资的投资者亏损并开始抛售房产。房地产价格暴跌，房地产泡沫开始破裂。由于房价暴跌，买主进入市场的意愿受到打击，他们彼此观望，这使卖主由于难以出售而恐慌抛售。房地产公司开始破产，并且由于房地产部门的不良贷款，银行也要应对金融风险。衰退的房地产业拉动国民经济开始滑坡，由于需求的缩小，供给大大超过需求，价格迅速下跌。

（四）萧条阶段

随着经济衰退，房地产销售价格和租金水平继续下降，房地产价格下降幅度惊人。由于房价长期下跌，房价已接近甚至低于建筑成本，房地产泡沫已被完全摧毁。此时，市场交易清淡，市场空置率高，房地产企业破产现象普遍，银行在房地产方面处于呆账状况。由于市场需求的存在和房地产供给的调整，房价开始不再下跌，并维持在一个较低水平上。萧条阶段是经济周期的底部，随着萧条阶段的过去，整个经济再次进入复苏阶段，一个新的经济周期又到来了。

第一章　房地产金融市场与机构分析

第一节　房地产金融的内涵与特征

当前，随着经济体制改革的深入，尤其是市场经济的发展，我国房地产金融业作为整个金融业务不可或缺的一部分，它在住房和土地的开发与管理中发挥着越来越重要的作用。

现代经济的主要特征之一是信贷活动从地方扩展到各个地区，形成了信用经济。在信用经济中，融资行为是核心内容之一。没有融资行为，任何行业都很难获得有效的资金支持和理想的发展速度。

一、房地产金融的内涵

关于房地产金融的内涵，在理论界存在争议，有以下几种代表性的观点：

第一种观点认为，房地产金融将通过各种信贷方法、手段和工具有效地组织和调整货币在房地产领域的流动。

第二种观点认为，房地产金融可以分为广义和狭义。从广义上讲，房地产金融是指使用各种可能的方法和工具为房地产行业所有相关部门筹集资金和清算资金并提供相应服务的所有金融活动。从狭义上讲，房地产金融是金融为房地产行业服务的行为。

第三种观点认为，房地产金融是住房金融，即为住房生产和再生产筹集资金并为个人提供住房贷款。

以上述观点为代表的大多数观点可以称为房地产产业金融，但没有把房地产抵押（担保）和房地产金融联系起来。

房地产金融的兴起是基于产业发展的需要，但房地产金融的发展和增长是由金融业本身的结构性变化驱动的。金融是在商品经济发展的基础上，随着商品交换和货币流通信用的产生而形成的，现代金融在快速发展的同时，伴随而来的风险也日益增大[①]。这种风险集中在两个方面：一个方面是存款风险，另一方面是贷款风险。存款风险是指存贷结构平衡问题，也就是顾客取款的随意性和贷款的长期性如何协调的问题。一旦顾客取款发生困难，就会导致银行信誉下降，甚至倒闭。贷款风险是银行面临的如何保证贷款顺利收回的问题。为了避免和减少以上风险，现代金融机构通常采取的主要措施就是发行房地产证券和以房地产为担保发放贷款。

一般来说，信用的基础无外乎三个方面：受信人的道德品格、受信人的经营能力、受信人的财产。

短期信用一般以受信人的品德或受信人的经营能力为基础；而长期信用，因为贷款时间长，数目较大，是非个人的道德品格或能力所能担保的，其信用基础只能是财产。

财产按性质可分为动产、不动产（房地产）和知识产权三种。就动产而言，如家具、家电、机器等，由于自然损耗、经济功能贬损，其价值逐渐递减，并且，使用时间较短，不可能作为长期信用的担保品。就知识产权而言，虽然有的知识产权，如古玩、名画等，其价值随时间推移，可能会直线上升，但这些财产保存困难，且容易损坏，并且，这些财产的价值受个人偏好的影响大，价值变动幅度很大。另外有些知识产权，如专利权等，其

① 李焕林，张丞．房地产金融 [M]. 大连：东北财经大学出版社，2012.

权利有一定的存续期，且容易被人侵犯或假冒，交易成本高，因此，知识产权也不适合做长期信用的担保品。不动产（房地产）则不同，它是长期信用的最佳担保品。其原因主要有以下三个：

第一，是由不动产（房地产）的自然特性决定的。不动产（房地产）具有位置的固定性、寿命耐久性等特征，因此不动产（房地产）不可移动，保存与监管较为容易。一旦担保债权到期不能收回，债权人可以处置不动产（房地产）来保证债权的实现。

第二，是由不动产（房地产）的经济特性决定的。不动产（房地产）数量有限，随着城市化的推进、人口增加等原因，不动产（房地产）价值必然呈不断上升的趋势，这种保值增值的特性决定了不动产（房地产）具备作为长期信用担保品的基础。

第三，不动产具有自偿性。受信人（借款人）可以通过对不动产（房地产）的经营不断地获得收入，从而增强其偿本付息的能力。由于房地产（不动产）具有保值、增值和自我补偿的特征，可以满足人们充分保护财富的心理，因此许多经济学家认为，房地产（不动产）是“唯一合格的长期信用担保物”。

金融机构充分利用不动产（房地产）这一良好的资产特性，发行不动产（房地产）证券，替代或局部替代存款，从而减少存款风险；以不动产（房地产）为担保发放贷款，增强贷款收回的保障，大大减少贷款的风险。因此，房地产金融已不仅仅是产业金融，在更大程度上说，房地产金融也是担保金融。

综上所述，房地产金融包括房地产（不动产）担保金融和房地产行业金融。房地产担保融资是指金融机构使用房地产（不动产）作为信贷条件为房地产（不动产）持有人或第三方提供资金的行为。房地产业融资，是指为房地产业及其相关部门筹集资金、清算资金，提供相应服务的金融活动。

二、房地产金融的特征

与其他金融业务相比，房地产金融一般具有以下特点。

(一) 房产金融与地产金融一般是难以分开的

不能分开的原因是房产和地产是不可分割和内部统一的。从物理形式来看，“土地”和“房屋”属于房地产类别。尽管它们在狭义上有着不同的物质形式，但它们不能在空间中移动。此外，一切房产均为房地产。没有真正的“空中城堡”，房屋总是固定在土地上，以土地为基础，两者通过建造工作结合在一起。尽管房地产领域的土地可以独立于房屋建设而存在，但“地面房屋”是城市建设用地的普遍现象。从价值形式的角度来看，房屋作为商品，其价值不仅包括利润、建筑设备安装工程成本（包括人工成本、材料成本、工程机械使用成本、施工管理成本等）、设备、工具和仪器的购置成本、勘测和设计成本、建筑组织的搬迁成本等，还包括非转化和凝结成本土地价值（包括土地使用权出让费、土地使用费、土地增值税等）。因此，房地产的价值具有复合性质，包括劳动力的消耗、材料、固定资产和土地使用成本。这样，建筑物位置因素对房屋的限制非常重要，这常常导致以下事实：两者很难以物理形式分开并且常常以价值形式结合在一起，因此它们经常在融资中结合起来。如果只进行生态公园建设贷款或高尔夫球场建设贷款，两者基本上是分开的。

(二) 债权可靠，较为安全

房地产一般具有以下几个特点（前面已经提到过）：首先，位置固定，不能移动。一般商品都具有可移动性，它在生产出来后可以通过运输工具运往全国乃至世界各地，而房地产作为商品却不可能做到这一点。不论土地是否用来建造房屋，不论建造的房屋其外形如何，不论性能与用途如何，它都固定在一定的地方，不能随便移动其位置。对于其他商品，人们可以根据需要将它们从一个地方转移到另一个地方，以满足该地方的需要；然而，发达地区的土地短缺不能通过不发达地区的土地放松得到缓解，而城市的住房短缺也不能通过农村地区的住房丰富来改善。其次，功能稳定，可用时间长。一块土地，只要不经山崩地陷这样大的自然灾害的破坏，使用期限都很长，基本上可以说是无限制的如同前面所说的，房屋的使用寿命一般也在几十年至上百年，而其他商品的使用期限相对都比较短，有的为几年，一般为几天、几周或数月，还有许多商品属于一次性使用的，一次用完就丧失了使用价值或失去了存在形态(如火柴、食品等)。最后，不断增值。土地资源具有局限性和不可再生性，但是土地的需求却随着生产力的发展和人口的增加而上升，因此土地价格一直在上涨。特别是在城市规划区内，由于可使用的土地面积十分有限，土地价格上升的趋势格外明显。这样，当土地用于抵押以融通资金时，银行往往因债权安全可靠而乐于贷款。由于土地面积的有限性以及建筑密度、容积率等方面的制约，房屋的生产必然也受到限制，其增长速度往往不如需求增长快，因此房屋的增值性往往也很好。

(三)资金的运用具有中长期性

以房地产为抵押品进行的贷款，其资金多用于土地和房屋的购置、开发、改良、建设等，而土地的开发、改良以及房屋的建设往往需要很长的时间[①]。例如，如果要开发一块土地，无论其计划内容是建造房屋还是其他结构，从计划开始到实现目标，都必须经过许多过程和环节，例如可行性研究，准备工作设计任务，

① 董藩，王家庭．房地产金融[M]. 大连：东北财经大学出版社，2009.

施工现场的选择，技术设计，施工团队的选择，年度计划的准备，建筑生产的组织，竣工验收，交付和使用。从可行性研究到项目使用，资金投入的时间通常很长，这决定了资金占用的时间也相对较长，通常需要1~5年。在此过程中，资金只能连续投资，而不能收回。不仅如此，因为土地和房屋是房地产，它们不会作为抵押物而损失或损坏，并且一般来说，土地和房屋具有保值甚至增值的价值，因此许多金融机构敢于放宽贷款还款期限，向房地产开发项目提供贷款。国外有很多土地开发和房屋建设贷款项目的期限长达30~40年甚至40~50年。

第二节　房地产金融市场及其类型

房地产金融市场是整个金融市场的重要组成部分，无论是其运行的基本原理和理论还是实务工作中的经营和管理，均以一般金融市场的理论和实践为基础，并与其他金融市场有许多相似之处。但由于房地产行业自身具有一定的特殊性，因而房地产金融市场也有别于一般的金融市场。

一、房地产金融市场的构成

房地产金融市场主要由下列基本要素组成。

(一)资金供需主体

房地产金融市场的主体主要是指资金的供求双方，即房地产金融市场中资本货物的买卖双方。这是房地产金融市场的最基本要素，主要包括个人和家庭，企业以及特定的政府部门，例如公积金管理中心。个人和家庭通过参加住房储蓄存款或购买房地产金融市场中的各种证券而成为房地产金融市场中的资金提供者，或者通过向房地产金融机构申请住房购买、建造和维修的贷款而成为资金需求者。同样，企业在生产经营过程中将暂时闲置的资金存入房地产金融机构，或者购买各种房地产证券成为资金的提供者，或者为了开发和购买房地产，向银行申请贷款。并在金融市场发行股票或债券成为资金需求者。住房公积金管理中心通过合法的手段与途径，归集与使用缴存职工的住房公积金而成为资金的需求者，在为缴存者办理住房公积金贷款时，则成为资金的供给者。

(二) 中介机构

中介机构是指在房地产资金融通过程中，于资金供给者和资金需求者环节之间的相关主体 (机构)，主要包括资产评估、信用评估、风险评估、金融担保、法律咨询等专业化的中介服务机构。这些中介机构能够为房地产交易提供专业化、快捷和高效的服务，这样的分工能够有效降低交易成本，为市场提供必需的公共信息，为所有市场参与者提供必要的风险规避和决策支持服务，减少信息不对称带来的金融风险。

(三) 金融工具

房地产金融市场中的金融工具是指可以在房地产金融市场中用货币进行交易的各种金融合约。与一般商品交易不同，资本交易必须依靠金融合同的形式，例如商业票据，房地产金融债券，房地产抵押债券，房地产企业和房地产金融机构发行的股票以及不到期的住房存款证和房屋抵押合同，这些都是可用于交易的金融工具。除此之外，住房与商业抵押贷款证券化等金融衍生产品也是房地产市场金融工具的重要组成部分。

（四）监管机构

公共监管理论认为，金融业是外部效应和信息不对称性均十分突出的公共行业，因而需要政府管制。房地产行业作为高风险与高回报的行业，与金融业联系紧密，其运行需要政府与金融机构的双重监管①。政府监管部门应当通过一定的组织形式，综合运用行政、经济、法律等多种手段，独立控制和管理房地产开发、投资、消费、流通等环节。为了确保中国房地产金融市场的安全运行和国民经济的持续健康发展，金融机构应当设立专门的监督部门，监督自身的业务活动，完善贷款审查程序和贷款标准，指导银行业发展。科学发展资产证券化业务，加强各个方面的风险监测和评估，提高预警能力。以北京为例，北京的经济发展位居全国前列，房地产投资空间大、风险大。北京的房地产金融监管体系包括中国银行保险监督管理委员会、中国证券监督管理委员会、中国人民银行业务管理部门、中国信托协会、北京市土地整理储备中心、北京市住房和城乡建设委员会等。这些监督管理机构通过各自的官方网站及时公布有关政策法规，公开土地和房屋交易，监督企业和从业人员的行为，从而规范房地产金融的运作市场，有效防范金融风险。

（五）市场运行规则

市场规则是指在经济运行过程中，进入市场的企业主体应当共同遵守的行为规范。完善的房地产金融市场需要具体的规则与法律做保障。房地产集资、贷款等环节将在一定程度上影响房地产金融市场的运作效率。完善的市场运作规则可以明确个人、房地产企业和信用银行的义务和责任，确保相关主体可以按照规则运作，促进房地产金融市场的有序发展。市场运行规则主要包括

① 李菁. 房地产金融 [M]. 北京：首都经济贸易大学出版社，2014.

进出规则、竞争规则、交易规则及仲裁规则4类。进出规则主要是审查市场主体的进出行为，规范市场主体的业务规模和范围；竞争规则是国家依法建立的规则，用以维持市场主体之间的平等互动和公平竞争，并通过竞争规则确保所有市场主体平等地享有市场上的资金；交易规则主要用于规范市场交易方式；通过仲裁规则，可以协调解决交易过程中的矛盾与纠纷。

二、房地产金融市场运行的条件

房地产金融市场作为金融市场的一个分支，同其他金融市场一样，具有资本转换、资源配置、经济结构调节和宏观经济状况揭示等功能[①]。但是，要想使房地产金融市场正常、充分地发挥其功能，必须满足如下条件。

(一) 有完整、对称的信息

有完整的信息是指金融商品交易的双方都能够公平、公开、公正地通过房地产金融市场获得各自所需要的信息，使交易行为有可靠的依据；有对称的信息是指双方同时获得的信息完全相同，并且双方没有机会通过未公开的信息获利。

(二) 市场供求决定价格的机制能充分发挥作用

金融商品的价格对房地产市场的供需具有弹性。供求关系的变化不断使原来的均衡价格消失而新的均衡价格出现。市场之外的任何力量都不会影响和改变价格。

(三) 房地产市场上垄断行为

在房地产市场中，有很多市场参与者，例如银行、信托和投资公司、小额贷款公司、住房公积金管理中心、开发商等以及各种金融产品。少数或单个交易者不会垄断市场。

① 董藩，李英．房地产金融第4版 [M]. 大连：东北财经大学出版社，2014.

(四) 有完善的管理手段和交易方法

需要特别强调的是，在房地产金融市场上，不可过分使用行政手段来管理市场。

没有以上四个条件，房地产金融市场将无法正常发挥作用。一般认为，信息完整、对称和供求决定价格机制是市场运行所需要的最基本的条件。这两个条件的完备性被认为是评价金融市场成熟和完善程度的重要标准。

三、房地产金融市场的分类

房地产金融市场作为金融市场的重要组成部分，可以根据市场水平、还款期限、区域范围、交易方式、服务对象等各种标准进行分类。下面介绍几种较重要的分类。

(一) 按服务对象不同分类

1. 房产金融市场

房地产金融市场是指银行或其他金融机构为房屋再生产提供融资的市场。其中，住宅金融市场在房产金融市场中占据非常重要的位置。根据金融体系的不同模式，住房金融市场大致可分为自由住房金融市场和国家定向住房金融市场。

(1) 自由的住宅金融市场

在西方国家，自由的住宅金融市场是以私人金融机构为经营主体，以住宅抵押为基础，并由多种信用网络交织而成的市场，由初级市场和二级市场共同组成。住宅抵押信贷的借贷双方具有双重关系，即借方既是债务人，又是出押人；贷方既是债权人，又是受押人。借贷双方以合同为依据。

为增加住宅抵押资金的流动性，金融机构之间又可进行住宅抵押票据的再交易，或发行住宅抵押债券，构成二级市场的经营活动。二级抵押机构用那些最初住宅投资者交付抵押的私人住宅作抵押品，面向社会发行债券，从而构成了住宅金融市场内完备的运行机制，也使住宅资金的良性循环与正常周转得到了保证。为了保持金融市场的稳定，促进住宅业的发展，政府对自由的金融市场进行适当的调节，采取制定有关法律、成立专门机构参与市场活动，实施市场供应或吸收资金、提供住宅信用保险和保证等措施。

(2) 国家指导的住宅金融市场

指由中央银行所控制，借贷条件较稳定，信贷条件比自由市场更为宽厚的一种住宅金融市场。通常而言，国家指导的市场较少受市场波动影响，借贷期限较长，利率也偏低。中央银行通过住房信贷合作社及住宅公司等中间机构贷出资本金，同时通过储蓄及发行债券来筹集住宅投资与信贷资金。

在国家指导的住宅金融市场内，政府的控制性调节渗透到金融市场的各层面与各环节，具有高度集中性和统一性，可以充分运用信贷杠杆来调节资金供求，以服从政府住宅发展的整体规划与整体利益。

2. 地产金融市场

地产金融市场是指以土地作抵押物而向金融机构获得资金信贷的交易活动关系的总和。地产金融包括农地金融和市地金融，其业务主要是：以土地为抵押品，筹集融通资金，以达到对土地进行开发和利用的目的。地产金融一般以债券化的方式开展业务，具有债权可靠、利息率低、还贷期长、运作安全的特点，是银行比较乐意从事的业务。

房产金融市场和地产金融市场没有完全分开，它们密切相关。它们相互影响并相互作用，从而形成一个完整的房地产金融市场。

(二) 按市场层次的不同分类

1. 初级市场

初级市场，也称为一级市场，是房地产资金的初始交易市场和房地产金融市场的基本组成部分。它主要包括为房地产资金需求者提供金融机构的各种信贷业务，发行和买卖新的房地产证券，以及上述信贷和证券业务的子公司金融业务，例如政府机构，信托机构的房地产信贷业务和保险机构对证券发行的担保，保险、信托和其他交易活动。房地产信贷业务种类繁多，从房地产开发环节的不同可以分为土地开发贷款、建筑贷款、对个人购买住宅贷款等。房地产信贷对象十分复杂，包括各级政府、房地产企业、工商企业和个人等。房地产信贷资金运用主要是各项贷款、委托贷款、购买债券、缴存存款准备金、上缴税利等。

为降低信贷风险，房地产金融初级市场一般以抵押方式作为通常采用的信贷方式。除此以外，发行房地产证券也是初级市场常使用的信贷金融工具，主要用于政府有关金融机构和开发企业等筹集房地产建设资金[①]。如由国家提供担保的中央银行发行的住房债券和由房地产企业发行的以房地产作抵押品的债券。

金融机构发行的抵押债券，主要包括以下几种:

(1) 以指定的房地产为抵押的债券，例如，银行向某房屋抵押贷款，然后以该房屋为抵押发行相应面额的债券，则房屋所有权由信托保管;

(2) 以受押的大量的不动产为抵押品集中发行面额不等的债券，由投资者购买;

(3) 几个机构联合经营不动产抵押，共同发行债券。房地产

① 李艳虹 . 房地产金融 [M]. 广州：广东经济出版社，2000.

债券是发行人的一种融资信贷手段，需要为投资者的利息收入支付一定的费用。对于投资者来说，它是一种可以带来资本增值的投资工具。

在一级市场，保险机构和有关国家机构为房地产信贷提供保险和担保，作为贷款还款的担保人和保险人；信托机构负责抵押品的保管。

2. 二级市场

二级市场是房地产信用的再交易再流通市场，是房地产金融市场的核心部分。二级市场是为适应房地产信用资金的流动性，均衡各金融机构的存贷结构而产生的通常为区域性市场，主要交易对象为房地产证券交易。

在一级市场上，金融机构借出了大量资金。为了满足新的资本需求者的需求，金融机构经常对原始的房地产信贷进行重新交易，出售最初用作抵押品的房地产或债券，获得资金，然后借给资本需求者。对于房地产债券投资者而言，二级市场是他们出售房地产债券的地方，可以满足他们对流动资金的需求。二级市场上，大部分交易是在银行之间进行的。

（三）按市场交易方式分类

1. 协议信用市场

协议信用市场是由供需双方直接面对，按自愿互利原则进行交易，交易价格由交易双方在借贷协议中议定，交易客户的范围也相对稳定。根据不同的金融工具或不同的交易对象，协议信用市场可分为多种，如住房专项储蓄存款市场、零星货币存款市场、住房专项贷款市场、房地产抵押贷款市场等。

2. 公开市场

公开市场以偿还期为标准，可分为货币市场和资本市场。

(1) 货币市场

货币市场即短期资金市场，指一年期以下的金融工具交易的场所。其主要功能在于：第一，能够为企业的资金短缺和政府的短期赤字实现弥补性融通，又能将它们的短期盈余迅速地进行投资；第二，货币市场将各银行融为一体，使各银行的存款能在全国信用市场上有效集合起来；第三，能调节大部分企业、家庭以及政府的临时性、周期性的盈余和赤字。

货币市场还可以进一步细分为短期证券市场、票据贴现市场、短期信贷市场。

(2) 资本市场

资本市场又称长期资金市场，指一年期以上的金融工具交易的场所，包括长期信贷市场和证券市场在资本市场上发行与流通的各种证券。就房地产业的产业特征而言，离不开长期资金市场，房地产金融机构和房地产企业可以通过资本市场筹集长期资金。

此外，根据房地产金融业务的不同，房地产金融市场可以分为：房地产储蓄存款市场、房地产抵押贷款市场、房地产证券市场、房地产信托市场、房地产典当市场、房地产保险市场等。

第三节　房地产金融机构体系与任务

金融活动的发展必须依赖于某些金融机构，金融机构的业务活动与社会经济的发展密切相关，这在社会经济的发展中起着非常重要的作用。随着中国房地产业的飞速发展，作为房地产金融运营载体的房地产金融机构应运而生，并取得了长足的发展。

一、房地产金融机构的含义

房地产金融机构是指经营房地产金融业务的各种金融中介和经营附属房地产金融业务的各种金融企业，主要包括专业银行、商业银行及非银行金融机构（证券公司保险公司、信托投资公司）等。

在国际上，各国房地产金融机构的架构都因各自不同的历史文化经济以及政治背景而不同。在某些国家，仅允许专业的住房金融机构经营房地产金融业务。在大多数国家，专业的住房金融机构和一般商业银行共同经营房地产金融业务。还有一些国家，没有专门的房地产金融机构。普通商业银行可以从事房地产金融业务。商业银行是房地产金融机构的主力军，它们愿意通过直接或间接渠道将其资金投资于房地产行业。其原因是，一方面，房地产业的投资回报率较高，虽然也会出现暂时的滞销，但从长远看是可以升值的，基本上属于经久不衰的行业，因此商业银行向房地产业贷款风险相对较小，回收快；另一方面，商业银行投资房地产，可以改善其资产结构，提高资产安全性。因此，所有国家的商业银行都在竞争参与房地产行业，例如美国、英国、德国和日本的银行，这些银行用于房地产开发、运营和消费的贷款或投资，约占贷款和投资总额的1/3，最高可达70%。就香港地区而言，在该领域的贷款也占30%以上。

二、我国房地产金融机构的发展概况

我国房地产金融机构主要由第二类非专业性房地产金融机构构成，包括银行型房地产金融机构和非银行型房地产金融机构

(信托投资公司、信用合作社、住宅合作社、基金组织等) 组成[①]。其中主要以商业银行和信托公司为主。最早从事房地产金融业务的银行是中国建设银行，早在1979年，国家决定将基本建设投资由财政拨款改为建设银行贷款，由建设银行独家办理包括房地产开发贷款在内的基本建设贷款。随着改革开放的不断深入，生产性基本建设资金的需求量急剧增加，各家银行的业务开始全面交叉，建设银行独家办理基本建设投资的局面逐步被打破。1998年我国全面推行住房制度改革后，更多的银行进入房地产金融领域，房地产金融机构迅速增加，并初步形成了以四大国有商业银行为主体，12家全国性股份制商业银行和112家城市商业银行为补充的组织机构体系。

信托公司介入房地产金融领域时间较晚，但近年来却取得了长足的发展，并迅速成为房地产金融机构中的一支生力军。在经过第五次整顿后，我国目前共有信托投资公司54家，其中一半以上开展了房地产信托业务。

目前我国专业性房地产金融机构仅有住房储蓄银行一类。早在20世纪80年代中期，为了配合全国住房制度改革，围绕住房改革领域开展业务，中国在烟台、蚌埠分别建立了住房储蓄银行，专门从事住房筹集、信贷业务和其他政策金融支持住房改革。但是，在20世纪90年代，随着公积金制度的建立，住房储蓄银行的职能逐渐被住房公积金管理中心代替。

1994年12月，为了加强对政策性住房信贷业务的管理，推进城镇住房制度改革，中国人民银行、国务院房改领导小组和财政部联合颁布了《政策性住房信贷业务管理暂行规定》，对政策性住房信贷业务进行了界定，在明确了政策性住房信贷资金的来

① 饶海琴 . 房地产金融 [M]. 上海：格致出版社，2008.

源运用和政策性住房信贷业务的管理以及利率计划、财务等问题的同时，规定了中国建设银行、中国工商银行和中国农业银行为办理政策性住房信贷业务的指定银行。除了上述指定银行和烟台住房储蓄银行、蚌埠住房储蓄银行以外，其他任何金融机构均不得吸收政策性住房资金存款和办理政策性住房信贷业务。

1995 年下半年，为清理房地产信贷业务，中国人民银行总行在《关于清理房地产信贷业务有关问题的通知》中强调，各银行的房地产信贷部为该银行内部业务部门，有关银行必须加强管理，各银行房地产信贷部设立的分支机构一律撤销，今后，中国人民银行各分行原则上不再批准设立新的银行房地产信贷部。

1996 年 7 月，为促进商业银行加强内部管理，发挥整体经营功能，提高综合经济效益，中国人民银行要求各商业银行对所属房地产信贷部的对外营业机构进行清理，强调各商业银行及其分支行设立的房地产信贷部为商业银行的内部业务部门，不具有企业法人资格，不得以自身的名义对外营业。规定凡未经中国人民银行批准、自行设立的房地产信贷部对外营业机构（包括营业网点）一律予以撤销，经中国人民银行当地分行批准设立的“三部”对外营业机构原则上要进行撤并，对经营范围和业务量较大、撤销或并入营业部确有困难的，可以向中国人民银行当地分行申请改建为办事处或分理处。

1998 年 4 月，中国人民银行扩大了办理房屋委托业务的金融机构的范围。除了烟台和蚌埠，住房储蓄银行继续处理住房委托业务。在其他地方，只能由中国工商银行，中国农业银行和中国建设银行这三家银行办理的委托住房存贷款业务，扩大到所有国有独资商业银行和交通银行。此外，允许所有商业银行处理所有城镇所有普通商业住房的个人住房贷款。

另外，允许所有商业银行在所有城镇对所有普通商品住房办理个人住房贷款。在此情况下，住房储蓄银行由于业务单一，没有被正式认定为政策性银行。迫于竞争的压力，烟台和蚌埠的这两家住房储蓄银行开始考虑向综合性商业银行发展，经过中国人民银行批准，两家住房储蓄银行相继进行了综合性的股份制商业银行的改制工作，明确加入了城市商业银行的行列，其中烟台住房储蓄银行仍然保留原来的名称。由于上述变化和发展从而进一步确立了商业银行在房地产金融业务中的主体角色。

此外，保险公司根据《中华人民共和国保险法》，实施了财产保险和人寿保险的分业经营，并且加大了房地产领域的业务，与房地产有关的财产保险和人寿保险品种逐步增加。证券公司在《中华人民共和国证券法》和其他有关法规的规范下，积极介入房地产企业的上市融资和购并业务，规范自己的行为。信托投资公司经过整顿和重新登记，根据《中华人民共和国信托法》和其他有关法规，也开始开展房地产信托投资等业务。

2005年4月，北京房地产金融市场发行的第一个实行“发行前向当地银监局审批的事先报备制度”的集合资金信托计划面市。房地产金融机构开始走向有序的、理性化的发展，我国房地产金融机构已是多头并进，从无序走向有序，从不合理走向理性化。我国从事房地产金融业务的商业银行是我国房地产金融机构的主体，这些商业银行本身设有房地产信贷部或者住房信贷部，主管银行的房地产金融业务。商业银行与其他从事房地产融资及相关金融服务活动的保险公司、信托投资公司、证券公司等非银行金融机构共同构成了中国房地产金融机构体系这种组织体系的形成，是与我国基本建设投资体制改革以及我国商业银行和其他金融机构的业务发展分不开的，是与我国城镇住房制度的改革相关联的。

虽然目前我们还没有真正意义上的专业房地产金融机构，但是我们可以预见，专业房地产金融机构不久将会出现在日益完善的中国房地产金融机构体系中。

三、我国房地产金融机构体系的架构

我国从事房地产金融业务的金融机构组织可分为五大类：银行类、保险公司类、证券公司类、信托投资公司类和其他类（主要指财务公司典当业、合作社等）。

（一）银行类——中资银行

1. 中国建设银行

中国建设银行成立于1954年10月1日，是我国管理固定资产权资的国家专业银行，当时名称为中国人民建设银行。在其成立之初，当时的财政部确定建设银行为财政部的内设机构，负责国家基本建设预算拨款和结算，对基本建设资金使用以及建设单位、施工企业的资金运用、财务管理、成本核算等进行检查监督。随着银行体制的改革，建设银行于1979年从财政部分离出来相继开办了信贷基金贷款储蓄存款及国际金融等银行业务。建设银行从单一履行财政职能转变为既承担财政职能，又承担银行职能的国家专业银行。1994年，建设银行按照党中央、国务院的部署，开始向国有商业银行转轨，政策性业务逐渐分离出去，长期代行的财政职能移交回财政部，开始成为履行单一银行职能的商业银行。根据我国商业银行法确定的商业银行的性质和职能，建设银行作为一般企业法人，行名应与中国人民银行行名有明显区别。因而从1996年3月26日起，中国人民建设银行更名为中国建设银行。此后，建设银行按照商业银行的经营原则经营，是国有独资的全国性商业银行。2003年底，建设银行被国务院列入首批实行股份制改革试点的国有银行，之后，经过成立股份公司引进战略投资者、优化公司治理框架等大量艰苦工作之后，建设银行于2005年10月27日在香港联交所挂牌上市。建设银行上市是继交通银行之后，第二家海外上市的中国商业银行，也是四大国有商业银行中第一家上市银行。2007年9月建设银行回归国内A股市场，这不仅有助于提升其本身的资本充足率，使其业务能力得到增强，还能促使银行形成更为有效的公司治理机制，从而提高其整体竞争力和运营水平。

2. 中国工商银行

中国工商银行是从中国人民银行分设出来的，正式成立于1984年1月1日，是我国办理工商信贷和城镇储蓄业务的国家专业商业银行。2006年10月27日，中国工商银行在香港联交所和上海证券交易所同时上市。中国工商银行拥有强大的客户基础，强大的分销网络，完善的业务作风，领先的信息和技术水平，并在主要业务领域处于领先地位。经过20多年的发展，中国工商银行的总资产，总资本及核心资本，营业利润等各项指标均居国内金融行业首位。该行目前作为全国性商业银行，也承担着大量商业性房地产贷款业务，并推出了个人住房担保贷款业务。中国工商银行也可以承担直辖市、省辖市、县级市及大型工矿区的政策性住房委托信贷业务，可以承担相应的房地产贷款资金的筹集工作。中国工商银行还是国际住宅合作社与储蓄协会的会员单位。

3. 中国农业银行

该行是1949年接收中国农民银行和中央合作金库后成立的，以后在组织机构和管理体制上几经组建和撤并。1979年2月，恢复后的中国农业银行（ABC）是在中国人民银行统一监督下的四家国有商业银行之一。中国农业银行实行一级法人，集中管理，分级经营的模式。在全国各省，市，自治区和大中城市设立了一级和二级支行，在全国城乡均有营业网点，使其成为网点数量最多的银行之一。目前，作为国有独资的全国性商业银行，承担着办理农、林、牧、副、渔业和乡镇企业信贷、农村乡镇储蓄业务，也承担着商业性房地产金融业务和我国各县委托的政策性住房信贷业务及其他房改金融业务。

4. 其他全国性和区域性商业银行

这些银行包括中国银行、交通银行、中国光大银行、中信实业银行、华夏银行、中国民生银行、中国投资银行、招商银行、上海浦东发展银行、福建兴业银行、深圳发展银行、广东发展银行、海南发展银行、上海城市合作银行等。作为商业银行，可经中国人民银行批准（现需经中国银行保险监督管理委员会批准）经营房地产金融业务。

(二) 银行类——合资与外资银行

1. 中外合资银行

中外合资银行是指由外国金融机构和中国金融机构在中国共同经营的银行，如厦门国际银行和上海巴黎国际银行。

2004 年 2 月 15 日，德国施威比豪尔住房储蓄银行和中国建设银行在天津共同投资建立了中德住房储蓄银行。中德住房储蓄银行的注册资本为 1.5 亿元。中国建设银行和施威比豪尔银行分别持有 75.1% 和 2.9% 的股份。施威比豪尔银行是欧洲最大、最成功的专业住房储蓄银行，已有 70 多年的历史。施威比豪尔银行完全引入了中德住房储蓄银行的运作模式。其最大的运作特点是，中德住房储蓄银行提供的最佳年度贷款利率仅为 3.3%，低于当时5.04%（超过5年）的标准。它是中国各类个人住房贷款中最低的。在吸收客户的存款时，其利率也低于普通商业银行或公积金的利率。由于有额外的免税政府补贴，因此在住房贷款市场上具有很强的竞争力。与普通商业银行的住房贷款不同，住房储蓄银行的资金是封闭的。它仅从住房储蓄客户那里提取存款，并且仅贷给其自己的住房储户。另外，它不做任何其他投资。存款人与贷款人之间的利率差异是其唯一的利润来源。住房储蓄业务的特点是：先存后贷，低存款低贷，固定利率，灵活方便，消费有偿。

2. 外国银行中国分行

外国银行中国分行是外国银行在中国境内的分行，如花旗银行、荷兰银行、新加坡华侨银行、标准渣打（麦加利）银行等在中国设有分行。

3. 外商独资银行

外商独资银行是指总行在中国境内的外国资本银行，如泰华国际银行。这些有外资的银行也可在其业务经营范围内从事房地产金融业务，如提供购买外销商品房的抵押贷款、住房储蓄与住房贷款等。

（三）保险公司类——中资保险公司

1. 保险集团公司

中国人民保险集团公司是一家综合保险（金融）公司，注册资本为155亿元。其拥有59年的发展历史和几项重大变化，已从最初的公司发展成为拥有8个子公司的现代保险集团。目前，它拥有1200多家分支机构，在31个省，自治区设有网点，管理资产近1600亿元。8个子公司分别是中国人保资产管理有限公司、中国人民健康保险股份有限公司、中国人民人寿保险股份有限公司、中国人民保险（香港）有限公司、中盛国际保险经纪有限公司、中人保险经纪有限公司、中元保险经纪有限公司和人保投资控股有限公司。集团经营范围从单一的非寿险发展到非寿险、寿险、健康险、资产管理、保险经纪等多个领域，基本建成保险金融集团。

2. 全国性股份制保险公司

全国股份制保险公司包括中国太平洋财产保险股份有限公司、华泰财产保险股份有限公司、中国平安保险股份有限公司（产险）从事人寿保险的中国人寿保险股份有限公司、中国平安保险股份有限公司（寿险）、新华人寿保险公司、泰康人寿保险股份有限公司、中国太平洋人寿保险公司等。

中国人寿保险股份有限公司是中国最大的商业人寿保险公司，总部设在北京，直属国务院。其前身是成立于1949年10月的前中国人民保险公司与其成立于1996年2月的分支机构中保人寿保险有限公司。经过50多年的发展，该公司的机构网络已经遍布全国，成为中国寿险市场的主要公司。2003年12月，中国人寿保险股份有限公司分别在美国纽约证券交易所和香港联合交易所成功上市。它是同时在香港和美国上市的第一家金融企业。2005年中国人寿销售收入排名世界500强第212位。

3. 区域性股份制保险公司

区域股份制保险公司主要有天安保险股份有限公司，大众保险股份有限公司和华安财产股份保险有限公司。

目前，中资保险公司是中国房地产领域保险业务的主要承办方。它们从事住房财产保险、建筑全险、商业住房综合保险、自购公共住房保险、住房质量和责任保险、住房抵押贷款还款担保保险、住房抵押人寿保险和房地产人身保险等。

（四）保险公司类——外资保险公司

中外合资保险公司，如中宏人寿保险公司、中保康联人寿保险有限公司等。

外国保险公司中国分公司，如美亚保险公司、美国友邦保险有限公司、意大利忠利保险、荷兰保险公司、德国安联保险集团和瑞士苏黎世保险公司等在中国境内设有分公司。

根据《中华人民共和国保险法》规定，同一保险人不得同时兼营财产保险业务和人寿保险业务，有关房地产领域的财产保险和人身保险分别由财产保险公司和人寿保险公司承担，不过财产保险公司渴望也能够从事房地产领域的人身意外险和健康险业务。

（五）证券公司类

证券公司类主要有申银万国证券股份有限公司、海通证券股份有限公司、中国银河证券股份有限公司、国泰君安证券股份有限公司、国通证券股份有限公司、中信证券股份有限公司、湘财证券有限责任公司、渤海证券有限责任公司、天同证券有限责任公司、华泰证券有限责任公司，等等。它们承担着房地产证券的承销、房地产投资基金管理、房地产公司的上市改制辅导等业务。随着中国证券业的发展和证券市场的逐步完善，以及《外资参股证券公司设立规则》的发布，中国证券业将进一步对外开放，外资很快将有望进入中国证券业。

（六）信托投资公司类

信托投资公司类包括中国国际信托投资公司、中煤信托投资有限责任公司、上海国际信托投资有限公司、华宝信托投资有限公司、上海爱建信托投资有限责任公司、中海信托投资有限责任公司、北京国际信托投资公司、济南英大国际信托投资有限责任公司、陕西省国际信托投资股份有限公司、中泰信托投资有限公司、西部信托投资有限公司，等等。随着中国加入 WTO 和中国金融业的进一步对外开放和信托业的发展，外资也有望进驻中国信托业。

信托业务范围比较广，与房地产有关的业务主要有受托经营房地产资金信托业务、受托经营房地产财产的信托业务、受托经营房地产投资基金业务，作为投资基金或基金管理公司的发起人从事房地产投资基金业务，经营房地产企业资产的重组并购及项目融资、财务顾问、公司理财等中介业务，受托经营房地产企业债券等的承销业务，等等。

（七）其他类

其他类包括财务公司、金融资产管理公司、金融租赁公司、投资基金管理公司、信用社等非银行金融机构和视作金融机构的典当行等。

上述各类金融机构的运作分别受金融监管当局如中国银行保险监督管理委员会、中国证券监督管理委员会等监管部门的监管。

四、房地产金融机构的任务

房地产金融机构的任务是为房地产业筹集、融通资金并提供结算和其他金融服务。

（一）房地产金融机构的筹资任务

房地产金融机构发挥筹资职能，广泛筹集各类资金，支持房地产开发、流通和消费。房地产金融机构以有效的方式方法及工具，向社会筹集资金，或者代理房地产开发经营企业向社会直接筹资。房地产金融机构的筹资任务具体包括以下几个方面。

1. 吸收企业、事业单位和个人等的闲置资金

房地产金融机构将国民经济各部门、各企业、机关团体和居民个人的暂时闲置未用的资金聚集起来，尤其是把这些单位和个人与房地产开发、流通和消费有关的资金集中起来，作为房地产金融机构筹资的主要来源。

2. 积极归集各项房改资金

房地产金融机构，尤其是政策性房地产金融机构要承担起归集住房公积金旧公房出售资金和房屋维修基金等各项房改资金的职责，积极支持住房制度改革，将个人的一部分消费资金引入到住房消费上来。

3. 代理房地产开发经营企业向社会直接筹集资金

房地产金融机构承担证券筹资媒介职能，代理房地产开发经营企业向社会发行公司股票、债券，归集股票、债券资金，代理发行政府有关机构的住宅建设债券，帮助房地产开发经营企业归集房产销售预收款等。

4. 利用其他筹资工具归集资金

房地产金融机构通过发行金融债券、吸存保险费、接受信托、委托存款，办理转贴现、再贴现等业务，归集资金。

（二）房地产金融机构的投融资任务

筹集资金是投融资业务的基础，投融资业务是资金筹集的归宿。房地产金融机构投融资任务主要包括以下几个方面。

1. 房地产投资活动

房地产金融机构，尤其是房地产信托投资机构、证券经营机构运用所筹资金及自有资金，从事房地产股票、债券的买卖以及房地产信托投资机构等直接投资于房地产开发建设。

2. 房地产开发与经营贷款

房地产金融机构利用所筹资金及自有资金，对房地产开发经营企业在开发与经营活动中需要的生产性周转资金提供贷款。

3. 房屋抵押贷款

房地产金融机构利用所筹资金及自有资金对购房的单位和个人提供以房地产作抵押的贷款。此类贷款包括购买商品房抵押贷款、购买公有住房抵押贷款等，帮助房屋消费者提前享用明天的钱，从而缩短购房需求与资金筹集之间的时间差，支持居民住房消费。

4. 其他资金运用任务

房地产金融机构的其他资金运用包括信托贷款、信托投资、委托贷款、保险资金的营运等。

（三）房地产资金结算任务

房地产金融机构发挥支付中介职能结算服务，其包括如下几个方面。

1. 住房公积金结算

公积金是为推行住房商品化，实施房改政策而推行的一种带有强制性的政策性储蓄。实行公积金法的职工，应当按月缴纳一定比例的公积金，单位也应当按月缴纳一定比例的公积金，归雇员自己拥有。政策性房地产金融机构应当每月对付款人进行支付结算，并处理日常的取款，转账等结算业务。

2. 房租和物业管理费结算

租住公房的职工每月缴纳的房租和住在私房的房主按期缴纳的物业管理费等，都可利用支票、现金或自动转账系统等通过房地产金融机构办理结算。

3. 购售房资金结算

购房者购买房屋，包括分期付款方式和通过贷款按期还本付息方式购房，购房者都可利用支票、银行本票、现金或自动转账系统，通过房地产金融机构定期办理结算。

4. 其他资金结算

房地产开发经营企业日常经营活动中除上述有关结算业务以外的结算，如取得土地使用权支付的价款，购买办公设备的付款等都可通过房地产金融机构办理结算。此外，还有其他单位通过房地产金融机构办理的结算等。

（四）其他金融服务任务

房地产金融机构的任务除了筹资、投融资和结算服务之外，还包括其他金融服务，如房地产保险服务、房地产投资咨询代编代审、房地产项目预决算、代编房地产开发建设项目招标标底、提供抵押房地产价值估算、代理房地产买卖和代理房地产租赁等。

房地产金融机构提供其他金融服务，一方面可拓宽房地产金融机构服务领域，扩大社会影响，吸引客户，提高房地产金融机构的信誉，另一方面，还可增加房地产金融机构的收益，增强房地产金融机构的实力，降低房地产金融机构投融资活动的风险。

第四节　中国房地产金融的发展历程

回顾中国房地产金融的发展状况，对了解中国房地产金融的现状，展望其未来的发展趋势具有重要意义。我国以金融体系构建及其业务变化为依据，结合我国房地产发展及住房制度改革的实际情况，可以将我国房地产金融的发展历程分为以下几个阶段。

一、1978年以前的停滞阶段

中国房地产金融发展历史悠久。早在1840年鸦片战争之后，房地产金融业务就随着房地产业在上海、天津、汉口等城市蓬勃发展。当时，各个殖民地国家都在中国设立了外国银行和房地产公司，并根据其特权获得了丰厚的利润。第一次世界大战后，中国的民族资本主义工商业得到发展。许多商业银行陆续成立，并开始以投资，抵押，信托等形式参与房地产行业。1914年，国民党政府成立了说服银行，这是一家国家房地产金融机构。中国兴业银行成立于1915年，向农业、盐业等提供以房地产为抵押的长期贷款。1935年成立的中国农业银行设有专门从事土地融资业务的土地融资部门。1942年3月《中国农业银行房地产债权法》颁布后，其房地产金融处可以按规定发行债券。在旧中国，除了政府银行外，一些商业银行和外国房地产企业在房地产基金的融资过程中也发挥了重要作用。例如，由“北四行”(盐业银行、金城银行、中南银行和大陆银行) 联合运营的四家银行储蓄协会投资建设了上海的国际饭店大厦，从而成为远东地区的第一座大楼。1907年，浙江兴业银行成立。23年后的1930年，浙江兴业银行正式成立了信托部门，业务范围包括自建房屋的出售，出租和房地产抵押。除了银行对房地产的直接投资外，房地产抵押业务在当时也相对普遍。

新中国成立后，中国实行计划经济体制，金融业参与房地产的经营业务被限制在很小的范围内，很长一段时间都处于萎缩停滞状态。虽然在1953年9月成立了中国人民建设银行（后改称中国建设银行）专门负责住房建设资金管理，但银行实际上只负责财政资金的拨放，不负责资金的筹集，更不直接投资房地产项目。

房地产金融是金融业与房地产业融合发展的产物，由于改革开放以前我国并没有系统的房地产业，真正意义上的房地产金融独立业务也并不存在，这一阶段的房地产金融并不是严格意义上的房地产金融。

二、1979～1990年的复苏与初步发展阶段

1978年，随着十一届三中全会的顺利召开，中国开始了全面的经济体制改革，房地产业，住房制、投资和金融等体制的一系列重大改革开始了。住房商品化的概念被提出，金融体制和城镇住房金融也迎来了新的发展机遇。1979年，中央政府决定将基本建设投资从财政拨款改为银行贷款，这标志着中国房地产金融业的诞生。1981年，中国建设银行总行投资成立了中国房屋开发公司，该公司以经济手段经营房地产项目，包括住宅楼，中小型旅游酒店，综合商务楼和公共建筑。自1982年以来，中国建设银行作为商业银行试点银行，已开始为购房者和建筑商提供购房贷款，并在传统储蓄业务发展的基础上大力开展房地产金融业务。

1984年，国务院颁布了《关于改革建筑业和基本建设管理体制若干问题的暂行规定》，发展房地产业，促进住房商品化是必需的。指出各地要建立房地产综合开发公司，进行城市建设的综合发展。城市房地产综合开发公司所需的营运资金，应由中国建设银行提供。根据国务院的要求，中国建设银行于1985年发布了土地开发和商品住房贷款的单独计划。将房地产开发和住房

商品化作为发展的主要业务。1986年，在烟台，蚌埠等城市试行了以房租补贴为特征的住房改革，与房租租赁和证券发行改革相结合，搞好了住房和住房贷款的清算，并实现了多种渠道和层次筹集住房资金的目的。烟台市和蚌埠市自1987年开始设立住房储蓄银行，烟台市和蚌埠市两个住房储蓄银行分别成立。承接了当地的住房改革金融业务。1988年，国务院在《关于印发全国城镇分期分批推行住房制度改革实施方案的通知》中指出："住房制度改革，要广泛而有效地筹集和融通资金，建立一套科学结算办法，金融体制必须进行相应的配套改革。"同年，中国第一个真正的商品住宅社区东晓花园通过土地拍卖和抵押贷款在深圳落成。当时的价格是660元/平方米。1988年以来，中国工商银行，中国建设银行等专业银行在总行、管理行和经办行设立了房地产信贷部门，大力发展住房信贷业务，推动了住房信贷业务的兴起和发展。在现阶段，房地产业面临的主要问题是资金短缺和供应不足。但是，金融体制改革有力地支持了房地产投资。在中国已经建立了以银行为主导的房地产金融体系。房地产业与金融业的相互渗透已达到一定程度。中国的房地产金融市场已经初步形成并逐渐成熟。

三、1991~1997年的全面推进阶段

国务院1991年出台的《关于积极稳妥地进行城镇住房制度改革的通知》《关于全面推进城镇住房制度改革的意见》中提出了采取出售公房等多种形式推进房改(即住房制度改革)，改进住房金融体制，明确提出了建立和推行住房公积金制度，发展房地产金融业务。同年，上海市借鉴新加坡的经验，按照"住房委员会决策、住房公积金管理中心运作、银行专户管理、财政监督"

的原则，率先建立了住房公积金制度。中国建设银行也在全国率先提供与住房公积金配套的金融服务。

1992年后，房地产开始成为我国经济发展的一大热点，房地产开发投资高速增长，并持续至1993年上半年。1994年中国人民银行印发的《商业银行自营性住房贷款管理暂行规定》《政策性住房信贷业务管理暂行规定》等一系列文件，标志着我国基本确立了自营性和政策性住房信贷业务兼有的住房信贷体系。1997年，中央金融工作会议取消了对我国商业银行贷款规模的管理，之后又出台了存款准备金政策和住房贷款政策，对房地产融资进行调整。到1997年底，31个省、自治区、直辖市，36个大中城市，213个地级城市均已建立了住房公积金制度。全国住房公积金累计归集额超过80亿元。由于此阶段明确提出了鼓励和支持各级金融机构开展经营性商品房贷款业务的改革举措，单位购建房贷款和商业银行房地产开发贷款得到了较快发展但此阶段个人购买商品房比例较低，银行个人住房贷款的市场不大。

四、1998～2002年的规范发展阶段

1998年，亚洲金融危机爆发，全球经济增长速度放缓，房地产由于具有产业关联度大和带动面广等特点，被寄予“推动经济增长”的期望。国家为此做出了调整结构、扩大内需的重大决策，明确提出启动住宅消费、把住宅建设培育为国民经济新的增长点[①]。国务院《关于进一步深化住房制度改革加快住房建设的通知》提出从1998年下半年开始，停止住房实物分配，逐步实行住房分配货币化。按照中央的部署，中国人民银行先后出台《关于加大住房信贷投入，支持住房建设与消费的通知》《个人住房

① 李菁.房地产金融[M].北京：首都经济贸易大学出版社，2014.

贷款管理办法》等文件，对个人住房贷款的相关条件做了详细规定，要求商业银行积极调整贷款结构，支持房地产建设。在政府的指导下，中国的商业银行积极开展房地产金融业务。1998 年至 2002 年，中国房地产开发投资占社会固定资产投资总额的 13% 以上，2002 年甚至达到 17.90%。在这一阶段，所有商业银行都积极开展房地产金融业务，房地产业处于供销两旺、价格稳定的良好发展轨道，有力地支撑了国民经济的稳定高速发展。

五、2003～2007 年的加快发展及风险累积阶段

2003 年，国务院颁发了《关于促进房地产市场持续健康发展的通知》，确立了中国房地产业发展的长期目标和长期任务。自此以后，中国的房地产金融开始走向规范、健康、高速的发展之路。2004 年 9 月 2 日，原中国银行业监督管理委员会公布并开始实施的《商业银行房地产贷款风险管理指引》对土地储备贷款、房地产开发贷款、个人住房贷款、商业用房贷款等进行了明确的原则性指导。2007 年 8 月，次贷危机在美国全面爆发，并最终演变为金融风暴席卷全球，作为全球经济重要组成部分的中国也不能幸免，经济发展受到较为强烈的冲击，经济增长速度下降明显。2007 年，中国的 GDP 增长率为 11.4%，2008 年降至 9.0%。房地产市场的发展也显示出疲软的迹象。房地产投资明显减少，商品房销售面积萎缩，房价持续下跌。

六、2008～2009 年的综合调控阶段

金融危机后，作为促进中国经济增长的三驾马车之一，出口也受到国际经济形势的严重影响。政府需要增加投资和刺激消费，以提高经济活力和促进经济发展。因此，提出了总投资 4 万

亿元的经济振兴计划。房地产业作为国民经济的支柱产业之一，在促进国民经济的持续快速发展中发挥着重要作用。政府希望充分发挥房地产业的联动效应，促进整个产业链的整体发展。2008年12月，国务院办公厅发布第131号文件，发布了明显的市场拯救信号，加大了公共住房建设力度，鼓励居民贷款消费，放宽了居民贷款政策购买第二套住房。2009年1月，四家国有银行宣布，居民可以在购房贷款中享受70%的优惠利率。在2009年12月7日的中央经济工作会议上，房地产行业被描述为支柱产业。一周后，国务院常务会议提出了促进房地产市场健康发展的四项措施：增加供给、遏制投机、加强监管、促进保障房建设。2010年1月，国务院发布《关于促进房地产市场平稳健康发展的通知》(简称“国十一条”)，从我国房地产市场的稳定健康发展和保障性安居工程建设两方面进行了综合调整。

七、2010年至今的抑制高房价阶段

2009年初，在国家优惠政策的带动下，中国房地产市场迅速走出了2008年的低谷，并以惊人的“V”势头急剧上涨。2009年全年，商品房成交量同比增长43.6%，商品房平均价格同比增长23.2%。面对房地产市场地价飞涨、房价飞涨的局面，2010年初，国家开始实施历史上最严厉的房地产调控政策。要求地方政府合理制定和发布房价控制目标，并发布具体的限制和标准，明确要求所有中央直辖市、计划单列的城市和省会城市加入限制购房行列。此后，房地产调控政策中行政干预的色彩不断增强，限购、限贷、限价等政策逐步完善和升级。

2011年1月，国务院常务会议确定《国务院办公厅关于进一步做好房地产市场调控工作有关问题的通知》(简称“新国八

条”)，在进一步提高二套房首付比例和贷款利率的同时，首次在全国范围内提出限购政策。2010 年 12 月 10 日至 12 日在北京召开的中央经济工作会议明确提出要坚持房地产调控政策不动摇，促进房价合理回归，加快普通商品住房建设，扩大有效供给，促进房地产市场健康发展。2013 年 2 月 20 日，国务院发布《关于国务院常务会议研究部署加强房地产市场调控的通知》(简称“国五条”)，要求各地“按同一要求完善限购措施”。

整体看，2017 年是中国历史上，房地产调控最密集年份；特别是从 9 月开始各地调控政策非常密集，10 月单月 34 次，9 月单月 45 次。从调控城市看，一二三线城市都有分布，累计已经有超过 110 个城市 (含县级以上)。

相比往年房地产调控，2017 年调控的最大特点是，手术刀式的精准调控，针对市场变化调整调控内容与加码力度。

2019 年，中国房地产市场运行的总体政策环境趋紧：中央政府将重点放在房地产的金融风险上，坚持住房的居住属性，不以房地产为短期手段刺激经济，全年对房地产业资金有针对性地监管。地方政府按照地区和形势采取措施，保持房地产市场稳定。同时，中国房地产业的经营基础体系更加完善，为进一步实施房地产长期管理机制打下了坚实的基础。

综合来说，近期房地产市场保持以稳为主正是基于 2019 年保持楼市调控定力、各地因城施策取得的积极效果。一方面，房地产金融整顿政策贯穿全年，这为一些城市实施有针对性的微调和保证合理的住房需求奠定了牢固的基础。另一方面，相较于 2018 年，随着各地市场形势的分化，2019 年因城施策进一步深化，这在一定程度上保障了市场的整体稳定。

第二章 房地产融资理念及其应用

第一节 房地产融资环境分析

长期以来，房地产业在市场经济发展中发挥着重要作用。经济发展离不开房地产业，房地产业已成为市场经济大潮中的支柱产业。房地产金融将房地产行业联系在一起，而房地产行业之间有着无数的关系。这是一个相对复杂的金融活动。房地产开发需要依靠房地产融资。房地产金融发展离不开房地产业。它们是相互依存和互补的。

地产项目的成功运作离不开融资的参与，客观地讲，近几年来房地产企业的融资环境显得较为严峻①。随着“国四条”“国十条”和其他新的调控政策的出台，提高了房地产企业融资审批门槛，加强了监管，增加了融资成本，渠道变窄，已不能满足房地产开发企业的需求。一些房地产企业存在融资困难，受到金融机构的限制。对于一些房地产企业而言，自身条件不符合标准，对于金融机构新推出的金融产品和融资方式，可能不合格，经常被拒绝。但是，房地产开发离不开资金支持。大规模的开发，征地和项目的早期阶段都需要大量资金。房地产企业的总资本跨度较长，收款时间较慢，因此融资更为重要。资金不足可能影响房地产企业经营目标的实现，给企业的长远发展带来一定的风险。房

① 郭晨.论房地产企业的融资环境和模式——以万科地产为例 [J]. 中外企业家，2018(13)：32-33.

地产行业在实际建设中需要从各种渠道筹集资金。我们可以通过加强战略合作，集团内部融资以及与银行探索新的融资方式来为企业筹集资金。

一、2019 年上半年融资形势观察

2019 年 5 月之后，房地产开发资金累计增速逐渐放缓。截至 2019 年上半年，房地产开发资金累计达到 8.50 万亿元，同比增长 7.2%，比 4 月的峰值低 1.7 个百分点。总体而言，上半年房地产行业融资形势呈现出 1 季度宽松、2 季度收紧的态势。

2019 年 1 月至 9 月，房地产开发企业到位资金 130571 亿元，同比增长 7.1%，增速比 1 ~ 8 月加快 0.5 个百分点。其中，国内贷款 19689 亿元，增长 9.1%；外资 104 亿元，增长 1.4 倍；自筹资金 42024 亿元，增长 3.5%；定金及预收款 43877 亿元，增长 9.0%；个人住房抵押贷款余额 1990 亿元，增长 13.6%。

房企开发资金的来源主要分为国内贷款、自筹资金、利用外资、其他资金：①国内贷款包括银行贷款和非银金融机构贷款；②自筹资金包括自有资金、债款及股票融资；③利用外资包括外国银行商业贷款、对境外发行债券和股票；④其他资金主要以预收账款及定金、个人按揭贷款为主。从各部分资金来源占比来看，截至 2019 年上半年，其他资金、自筹资金、国内贷款、利用外资占比分别为 53%、31%、16%、0.1%；其中国内贷款、其他资金占比较 2018 年末分别上升 2 个、1 个百分点，自筹资金占比较 2018 年末下降 3 个百分点。

（一）国内贷款

自 2019 年 3 月以来，房地产行业发展的国内贷款累计同比增速持续增长。截至 2019 年上半年，国内贷款累计金额达 1.33

万亿元，同比增长率为8.4%，比2018年6月的低点高16.4个百分点。

作为房地产企业国内贷款的主要来源之一，房地产开发贷款余额自2018年第三季度以来持续下降。截至2019年上半年，余额的同比增长率、房地产开发贷款占比14.6%，比2018年第三季度的峰值下降9.9个百分点。

房地产信托是房地产企业前段融资的重要工具，而2019年6月之后对地产信托多方的调控，致使信托规模明显收缩。2019年上半年，房地产信托产品募集规模达5363亿元，同比增长3%；其中，2019年第一季度筹资规模为2685亿元，同比增长12%；2019年第二季度的募集规模与2019年第一季度基本相同，为2679亿元，同比下降4%；5月后，总体发行规模大幅下降，7月，发行规模收缩至352亿元，为近三年来的新低，同比下降了41%。

（二）自筹资金

2019Q1企业信用债发行规模冲高回落。

自2019年3月以来，房地产行业自筹资金累计增速持续增长。截至2019年上半年，累计自筹资金2.67亿元，同比增长4.7%，比2018年9月的峰值下降6.7个百分点。2019年上半年，SW房地产板块房地产企业信用债券发行规模达3344亿元，同比增长51%。其中，2019年第一季度发行规模为1815亿元，近三年保持较高水平，同比增长68%；2019年第二季度发行规模为1529亿元，同比下降16%。融资成本方面，截至2019年7月，房地产企业信用债平均票面利率为5.6%，较2018年的平均票面利率小幅下降0.7个百分点。

（三）利用外资

2019Q1 内地房企海外债发行规模达历史高位后回落。

2019 年 2 月，房地产开发资金中外资累计同比增长达到了历史最高水平 328%；之后，增长率迅速下降。截至 2019 年上半年，外资规模达到 42.7 亿元，同比增长 52%，较 2019 年 2 月的高位下降 276 个百分点。

自 2019 年以来，内地房地产企业境外债券的发行规模显著增加，2019 年上半年达到 396 亿美元，同比增长 17%；其中，2019 年第一季度发行规模为 232 亿美元，同比增长 32%，创历史新高；2019 年第二季度的发行规模为 164 亿美元，比第一季度下降 29%，同比增长 1%，但仍处于历史高位。在规模扩大的同时，房地产企业的海外融资成本也在增加。截至 2019 年 7 月，房地产企业海外平均融资成本为 8.8%，比 2016 年提高 3.1 个百分点。

（四）其他资金

2019 年 4 月个人按揭贷款、定金及预收账款增速走高后回落。

在 2019 年的前四个月，房地产开发资本来源中其他资本规模的增长率持续上升。从 2019 年 1 月至 2019 年 4 月，其他资本累计同比增长率达到 13%，比 2018 年同期高 11%。之后，增长率逐渐下降。截至 2019 年上半年，其他资本规模为 4.49 亿元，同比增长 8%，比 2019 年 4 月的峰值下降 4.5%。与此同时，作为其他资金来源的重要组成部分，个人按揭贷款、定金及预收账款均明显走高后回落，2019 年 1～6 月个人按揭贷款、定金及预收账款累计同比增速分别为 11.1%、9.0%，分别较 2019 年 4 月的高点回落 1.2 个、6.1 个百分点。

2018年10月至2019年5月期间，全国首套房平均房贷利率及二套平均房贷利率持续下滑；2019年6月，首套平均房贷利率企稳，二套平均房贷利率较5月提升0.1个百分点。自8月以来，大连，合肥，南京，成都，青岛，南宁，武汉，西安等地的一、二套房按揭利率均有不同程度的提高。

二、2019下半年融资环境分析

2019年以来，居民新增中长期贷款累计同比增速回归正值，并于2~5月间由0.71%迅速提升至11.18%，而与此同时，社会消费品零售总额同比增速下滑至8%左右的水平；在固定资产投资增速走低的同时房地产投资增速维持在较高水平；截至2019年一季度，房地产贷款占总贷款余额的比例持续提升至28.5%；非金融性公司新增短期贷款增速走高的同时非金融性公司新增中长期贷款仍处于负增长区间；信贷结构进一步优化的必要性和迫切性受到关注。

接下来继续推进信贷结构调整，尤其是信托业务结构的优化仍将是房地产融资领域的监管工作重点。

(1)2019年6月15日，银保监会主席郭树清表示:“我国一些城市的住户部门杠杆率急速攀升，相当大比例的居民家庭负债率达到难以持续的水平。房地产业过度融资，不仅挤占其他产业信贷资源，也容易助长房地产的投资投机行为。”

(2)2019年7月31日，中国人民银行在银行业金融机构信贷结构调整优化座谈会上表示:“房地产行业占用信贷资源依然较多，对小微企业、先进制造业、科技创新企业、现代服务业、乡村振兴、精准扶贫等领域支持力度仍有待加强。”同时强调当前和今后一段时期银行信贷结构调整优化重点在于：第一，提高制造业中长期贷款和信用贷款占比；第二，继续做好小微企业金融服务；第三，坚持“房子是用来住的，不是用来炒的”定位，认真落实房地产市场平稳健康发展的长效机制，加强对高杠杆率大型房地产企业融资行为的监督和风险提示，合理控制负债规模与资产负债率；第四，加大对现代服务业、乡村振兴、金融扶贫等国民经济重点领域和薄弱环节的信贷支持。

(3) 2019年8月7日，银保监会向各银保监局信托监管处室(辽宁、广西、海南、宁夏除外)下发《中国银保监会信托部关于进一步做好下半年信托监管工作的通知》表示：第一，坚持去通道目标不变，力度不减。第二，加强房地产信托合规管理和风险控制。每月监测房地产信托业务的变化，及时采取监管访谈，现场检查，中止部分或全部业务，撤销高级管理人员资格等各种措施，坚决遏制房地产信托业务发展势头，防止房地产信托的过度增长和风险积累。第三，推动优化信托机构业务结构。短期来看，考虑到房地产投资增速仍较高、土地溢价率不低、商品房销售增速仍在可控范围内等多项因素，2019年3季度房地产行业融资环境大概率仍将偏紧，4季度还有待观察。房企层面，随着房地产信托业务监管趋严，房企前端融资受限；在这种情况下，部分债务结构中银行贷款占比较高的龙头及优势房企相对会比较从容，受影响也相对较小，例如华润置地、保利地产银行贷款占有息负债的比例(截至2018年末)分别高达74%、71%。

第二节　房地产融资方式解读

一、三种高比例融资方式

(一) 回租

1. 回租的基本概念

一项回租业务实际上是由两项并行的经济活动组成的。第一，房地产经营者将房地产出售给房地产投资者，这是房地产交易关系；第二，房地产投资者将购买的房地产租赁给房地产的卖方，这是房地产的租赁关系。

在一项回租业务中，双方当事人都具有双重身份，即卖主又是承租人，买主又是出租人。房地产回租业务最早于1882年出现在英格兰，1942年在美国出现，并很快得到发展。

回租是一种十分有效的房地产融资方式。最古老且仍被采用的回租与现代金融租赁业务类似，即房地产运营商将房地产出售给投资机构，然后再以房地产承租人的身份进行经营。租赁期一般很长，期内向投资机构，即房地产业主缴纳租金。租金由两部分组成，一部分是分期偿还房地产价款，即本金；另一部分为投资机构的投资，即利息。

例如，一家零售集团企业向银行贷款建造了一幢8800000元的精品屋。建筑完工后这家零售集团将这精品屋以8000000元卖给了一家投资公司，所得价款归还银行贷款。而后该零售企业集团又从那家投资公司那里租回那幢精品屋进行经营。双方商定：租期为20年，年租金为房地产售价8000000元的10%，其中5%(或者400000元) 用于分期收回总投资8000000 (20 × 400000) 元，5% (或者400000) 作为投资公司的投资报酬，20年后这家零售集团再向投资公司付少量价款，将精品屋的产权买回。

回租目前更多地被用作为部分融资的手段，即当一个工商业经营者欲取得某一房地产经营使用权，但又想尽量减少现金支付量时，可以通过回租的办法达到目的。

例如，一家商业企业集团以15000000元购进一幢商业大楼，同时又以13500000元的价格卖给一家人寿保险公司，即以原价的九折出售。然后，保险公司又以每年945000元的租金（即售价的7%）将这幢商业大楼回租给那家商业企业集团。租期很长，商业集团利用该幢大楼经营零售业务，只要每年经营纯利润多于945000元，它便有利可图，当然这里还需考虑该商业集团自身的投资回收和报酬。

上述例子的意义在于：如果这家商业集团通过抵押贷款形式来购买这幢商业大楼，按照最理想的贷款—价值比75%计算，它可以获得11250000（15000000×0.75）元贷款，这意味着商业企业集团自己将要投入3750000元现金。通过上述回租的安排，那家商业企业集团只投入1500000元便获得经营使用权，或者说通过回租形式，商业企业集团可以少投入2250000（3750000～1500000）元。当然用抵押贷款买房与回租是性质完全不同的，前者获得产权后者只有经营使用权。但是在现金缺乏，银行又不能提供足够贷款的时候，回租就是一种十分有效的融资方法。同时，只要房地产质量高，租赁期间经营得好，其利润除了缴纳租金，积累起来可以重新买一幢或几幢商业大楼。

回租还可以是当事人在两方以上，实现多角融资。这里举一个十分简单的例子。公司甲有一幅土地价值（让金）300000元，转让给公司乙，然后公司乙又将土地回租给公司甲公司甲，现在是承租人，又向一家保险公司借得抵押贷款1000000元，用于建造一幢办公大楼。办公楼完工后，公司甲经营出租，经营所得分为三个部分：①向公司乙每年支付300000元地租；②每年等额向保险公司归还抵押贷款；③公司甲的纯收益。公司甲在向保险公司借款时，土地租契交保险公司保管。一旦公司甲有违约行为，保险公司将取消公司甲的地契赎回权，转而自己拥有并经营该办公大楼，同时每年向公司乙支付300000元土地租金。

2. 转租分成

转租这里是指回租房地产的承租人（卖主）将租人的房地产再出租出去。回租的房地产一般都可以用于转租，如房地产是公寓大楼、办公大楼则只能用于再出租。转租分成就是指转租的租金收入在回租双方之间的分配。在回租房地产的转租关系中，回租的出租人（买主）是房地产的“大房东”，回租的承租人是“二房东”，因而转租所得租金（这里指纯租金收入）分两级，“二房东”交“大房东”租金是“一级房租”，“二房东”经营转租获得的是“二级房租”，其中一级房租金额一般情况下不变，二级房租收入则直接受市场供求波动影响。转租分成与回租承租人的投资参与程度有关，承租人出资越多，其在转租分成中比例越大；反之则相反。

例如，一家开发商建造一幢办公大楼，竣工后市价2000万元，这幢办公大楼预定年总收入，即房间全部出租的年纯租金收入为200万元。这位开发商欲将这幢办公大楼出售给一家基金会，同时又将这幢办公大楼租回自己经营，租期为100年。现在这位开发商要向基金会交192万元的一级租金，自己仅留8万元的经营辛苦费；如果他以1600万的价格，即以市价的八折将办公大楼卖给基金会，他可能每年只需向基金会交146万元一级房租，自己可得54万元。

上述例子的第一种情况是比较罕见的，因为回租的前提条件往往就是回租承租人降低售价，或者说参加一部分投资。上述例子的后一种选择中，开发商的投资收益率明显高于基金会的投资收益率，一般认为这种分配是合理的，因为在回租房地产转租收入两级分配的情况下，开发商（回租承租人）承担着经营风险。

3. 回租的优点与缺点

回租有优点也有不足，这是房地产经营者在开展这项业务时必须要加以充分考虑的。

从购买出租人角度看，回租的优点：

（1）租金收益将高于抵押贷款利息，这是开展回租的前提。

（2）购买者出租人是房地产的所有权人因而可以直接控制回租房地产，而不是如抵押贷款受押人那样对抵押品只有间接控制权。

（3）租期内购买出租人可以收回投资并得到相应的投资报酬，回租期满后，他仍可通过再出租和出售收回的房地产获得收益。

（4）有权提折旧。在租金为纳税收入的情况下，折旧可以冲减纳税收入，从而减少纳税负担。

回租的缺点：

（1）回租风险大大超过抵押贷款风险。回租条件下购买出租人的命运被系在出售方——承租人手里。承租人经营管理状况好，出租人多得利。一旦经营不善，以致债务过多，承租人破产出租人就难以追赔损失。

（2）尽管回租收益高于抵押贷款收益，但回租的投资回收期长（因为租期长），因而在开始阶段投资风险很大，实际收益却很低。

从出售承租人角度看，回租的优点：

(1) 在房地产开发未完成时，回租往往可以得到100%的开发总成本。

(2) 在出售再承租的情况下可以减少现金的支出。

(3) 租金可从纳税收入中扣除。

(4) 回租为承租人提供了一个长期的经营收益机会。

回租的不足：

(1) 租金高于抵押贷款分期付款。

(2) 抵押贷款一旦债务还清便停止还款，而回租期限一般很长，因而通常是出租人实际已收回投资，承租人仍要继续交租。在租期续展时，这种不足更明显。

(3) 承租得不到“残值”，也不得提取折旧。

(二) 回购

回购的基本思想是很简单的。即一家贷款机构买下了一项房地产，然后再卖还给开发商。房地产的购买价格一般为房地产市场价格的80%左右，相当于房地产的全部开发成本。例如，一项房地产完工后市场价格为1000000元，其开发成本为8500000元，一家贷款机构以8500000元买下这项房地产，同时，这家贷款机构与这项房地产的开发商订立一项回购合同，规定开发商在若干年内分期付款，按8500000元房价购回这项房地产。

回购从表面看似乎与长期抵押贷款一样，但实际上前者完全不同于后者。一项普通的抵押贷款，每年(月)分期还款随着归还的本金数量提高，支付的利息是逐渐下降的，但是回购分期中每年(月)归还的本金和支付利息数额是不变的。

回购方式对贷款者——卖主是有吸引力的，因为回购贷款的利息收入高于一般抵押贷款，同时贷款者可以所有者身份参与分享房地产经营收益。回购方式对于开发商——回购人也是有吸引力的。首先，通过回购，开发商可以在房地产项目完成后获得100%的融资，以抵消开发成本并获得房地产经营权；其次，开发商可以提取房地产的折旧；最后，开发商可以在还清回购贷款后立即获得房地产产权。

回购的基本思想是比较简单的，但实际操作需要以一系列的法律为前提。

(三) 贷款合作

贷款合作的英文原文为“Front Money Deals”，可以直译为“形式货币合作”。我们根据这种业务的基本特征将它称为“贷款合作”，贷款合作的基本内容是一位开发商欲开发一项房地产，但缺乏开发资金，便找到一个贷款者与他合作。即由这位贷款者提供所需的开发资金，双方共同开发该项房地产。贷款合作与合资表面相似，但两者实质不同，因为参与合作的货币投入者，其贷款者身份不变，即他要分期收回投资，并取得利息。当然，由于贷款者本身又是合作者，因而贷款利率一般比较低。同时，因为贷款者将分享一部分利润，他还将为开发商分担一部分风险。采用贷款合作方式，房地产项目的贷款价值比可以达到较高的水平，因而它是一种比较有效的房地产开发融资手段。

贷款合作通常是贷款者提供房地产开发的全部资金，开发商提供土地和开发技术。开发公司同意贷款者获得贷款利息，同时双方商定扣除利息项目纯利润的分配比例（一般是50∶50）。

二、其他可选择房地产融资方式

(一) 购买货币抵押贷款

购买货币抵押贷款就是指房地产的卖主向买主提供的一种抵押贷款，它实际上是房地产卖主向买主提供购买房地产融资的一种方式[①]。举个简单的例子，一位房地产的所有人欲出售自己的房地产，售价为300000元，现在一位买主打算购买这一房地产，但目前只能一次性支付50000元，房地产的所有人即卖主同意将房子出售给这位买主，房地产售价与买主支付现金之间的差额250000元作为卖主给予买主的抵押贷款，抵押担保品就是双方买卖的房地产，这250000元的抵押贷款便称为购买货币抵押贷款。

房地产所有人采用购买货币抵押贷款向买主提供融资主要有三个原因：①在货币紧缩的情况下，买主难以筹措到足够的资金，用这种方法可以促成房地产出售；②用这种方法可以避免买主信用不好的风险；③给予买主购买货币抵押贷款虽然不能一下子得到全部价款，但可以获得贷款利息，卖主并没有损失。

（二）包含抵押贷款

包含抵押贷款的基本内容是：一项出售的房地产本身已有一项第一次抵押贷款，一位买主在第一次抵押贷款既定的情况下，其能支付的现金不足以弥补第一次抵押贷款与房价款之间的差额。一位放款者愿为买主垫付这一差额金额，但他向买主提供的是包括已存在的第一项抵押贷款在内的全部抵押贷款，其利率高于第一次抵押贷款利率。一项包括抵押贷款通常具备三个因素：①一项出售的房地产本身已有一项长期的、利率较低的抵押贷款；②买主无力承受所需要贷款的市场高利率，且现有的现金又不足以弥补房价款与第一次抵押贷款的差额；③有一位贷款者愿意协助买卖双方成交。

例如，公司A欲将自己拥有的一项商业性房地产出售，这项房地产本身有一次抵押贷款，即业主以这项房地产作抵押取

① 邓永成．房地产营销[M]. 上海：立信会计出版社，2004.

得了一笔贷款，利率为8%，尚有5000000元余额未还。现在公司A要以1000000元出售这项房地产。有一公司B欲购这项房地产，但只有100000元现金。我们假定该项房地产现有的第一次抵押贷款可以转由公司B归还，但它们因现有的现金不足以支付房地产售价与第一次抵押贷款余额之间的差额而不能买下这项房地产。这时如果有一贷款者提供包含抵押贷款，这笔交易便可以成功了。现在假定一家金融企业C愿意向公司B提供一笔900000元、10%利率的抵押贷款，这项买卖便成交了。

这项包含抵押贷款安排对提供第二次贷款的人也是有好处的。我们假定这第一次和第二次抵押贷款都不采用分期等额还款方式，而是借款人每月支付利息，本金到期一次付清。这样金融机构只是投入400000元贷款。公司B贷款期限内每年向金融企业C支付900000（900000×10%）元利息，金融企业C将其中的400000（5000008%）元交公司A，通过它支付第一次抵押贷款的利率；其余500000元为金融企业给公司B贷款4000000元的收益，收益率高达12.5%（500000÷400000），贷款到期公司B向金融企业C归还本金9000000元，金融企业C将其中5000000元交公司A，归还第一次抵押贷款本金，其余4000000元作为自己的本金收回。

这里我们再举一个住宅房地产买卖例子来说明包含抵押贷款的运作。

一套居室100000元，其中已有一项45000元，利率为8%的抵押贷款。一对年轻新婚夫妇想买下这套居室，但他们只有20000元现金。假定第一次抵押可以转给这对夫妇，但他们仍因现有的现金不足弥补这套居室价款与抵押贷款的差额55000元而无法买下这套居室。与此同时这对夫妇如果要获得80000元贷款，则市场贷款利率为15%，他们无力承担。

现在让我们假设这时一家存贷机构愿意提供包含抵押贷款，预付35000元，这样加上年轻夫妇自己的20000元，这对年轻夫妇就可以支付居室剩余的55000元房价款项了。

然而在存贷机构与年轻夫妇签订抵押贷款合同时规定，存贷机构提供的贷款金额不是35000元，而是80000元，包括已存在的债务45000元与新提供的35000元现金，这项80000元抵押贷款的利率为12%，比市场利率低3个百分点，年轻夫妇可以承受。

在这项包含抵押贷款中，提供第二次抵押贷款的存贷机构是有利可图的，它在原有第一次抵押贷款45000元上得到4%的利息，又在自己实际提供的35000元上获得12%的利息，它的实际收益率可高达17%～18%，明显高于15%的市场利率水平。

这项包含抵押贷款对借款人，即那对年轻夫妇来说也是很令人满意的，因为他们虽然按80000元付利息，但其利率12%要低于市场利率15%

这项包含抵押贷款对住宅出售人也是有吸引力的，因为通过这项包含抵押贷款，他的住宅可以顺利出售，即刻得到55000元现金，而且第一次抵押贷款由住宅买主交给第二次抵押贷款人后，由后者再通过他（住宅出售人）归还。

在这项包含抵押贷款中吃亏的是提供长期固定低息贷款的第一次抵押贷款者。

包含抵押贷款还可以和购买货币抵押贷款结合起来使用。例如，甲有一套公寓住宅欲出售，其中已有一项第一次抵押贷款200000元，利率4%，现在这项房地产增值至100000元。一位买主已找到甲欲购这套公寓住宅，但他只有100000元现金，即使第一次抵押贷款可以既定，乙的现金仍不足以弥补房价款与第一次抵押贷款的差额，这时卖主甲同意提供 100000 元的购买货币抵押贷款，利率为 8%。原有的 200000 元抵押贷款由买主乙承担，但他不仅要按 200000 元贷款向原贷款者交 4%的利息，还要按 200000 元向卖主交 4%的利息。

包含抵押贷款还可以采取其他多种具体形式，如甲拥有一幅土地 1000000 元，甲将其卖给乙，乙付 350000 元现金，欠甲 650000 元，债务利息为 8%，然后乙又将土地以 150000 元转让给丙，丙付现金 500000 元，乙要求其债务利息为 10%。现在实际上丙欠甲 650000 元，欠乙 350000 元，总共 1000000 元，丙按 100000 元贷款向乙支付 10% 利息，还获取了甲 650000 元贷款 2%的利息。

（三）参与

参与有两种：一种是参与贷款，一种是参与抵押品。

参与贷款又称份额贷款，即几个放款者为同一项房地产提供抵押贷款。例如甲、乙两家金融机构同意向同一项房地产提供一项 200000 元的贷款，甲出 100000 元，乙出 100000 元。借款人同甲、乙订立抵押贷款合同，并到有关部门备案，甲与乙再签订一项参与贷款协议（有时称拥有协议）。

参与协议明确同一项目贷款参与各方份额，并规定贷款各方的权利与义务。一般如果参与双方（或几方）的贷款份额相同，则他们的权利相等。如果参与双方（或几方）的贷款份额外负担不相等，则一方的权利次于另一方。参与协议规定份额大的一方的利息优于另一方，同时授权份额大的一方收集、分配借款人偿还的贷款本息。参与协议还明确规定在借款违约，发生取消抵押赎回权时参与各方权利的顺序。参与抵押品即放款人在借款人同意其分享部分房地产经营收入或分享房地产部分增值前提下向房地产项目提供抵押贷款。例如，为了获得一项公寓大楼的抵押贷款，投资者不得不同意贷款者分享总租金收入，比如15%。再如，一位投资者向银行借款以1500000元购进一幢建筑，20年后出售获价款1500000元。根据当时抵押贷款合同的规定，他不得不将增值的50%（250000元）给予当时向他提供抵押贷款的银行。

（四）膨胀抵押贷款

所谓膨胀抵押贷款就是一笔抵押贷款不是完全分期归还本金和利息，而留一部分余额，到期时一次性付清。通常这种抵押贷款以一项第一次抵押贷款和一项购买货币抵押贷款为前提，假定一项房地产以230000元出售，其上已有第一次抵押贷款，贷款为150000元，买主只能支付30000元现金。现在卖主同意提供50000元购买货币抵押贷款，要求5年还清，每月归还500元（为了便于说明这里不计利息）。这样每月还500元，每年则共还6000元，第5年底仅还30000（6000×5）元。尚存20000元到期一次还清，这便叫膨胀抵押贷款。

（五）抵押债券

抵押债券有时被用作某一个特定的不动产项目融资手段。债券前面已经说过就是一种债务的凭证，它规定发行人在特定的时候还本付息。一般的公司债务是由公司的财产担保的，抵押债券则由某一特定的不动产担保。

一项抵押债务涉及三个方面：发行债券的公司（借款人）、信托管理人、债券持有人（贷款者、债权人）。具体做法是这样的，不动产抵押给信托管理人，他代表债券持有人掌握抵押担保品。在正常情况下，发行债券的公司到期归还债券持有人的贷款本息，并注销抵押合同。一旦违约事件发生，信托管理人向债权人发出通知，他可以排除借款人，负责拍卖抵押品归还贷款人的本息，借款人对抵押品有优先出售权，并可以将出售价款用于弥补欠款。

(六) 缺口融资

缺口融资通常运用于一些特大项目。例如，一位开发商起先需要10000000元短期建设贷款，项目建成开发商决定自己经营这项房地产，因而他需要获得10000000元的长期贷款来付原来的10000000短期建设贷款。有时长期贷款替代短期贷款比较顺利，但有时提供贷款的金融机构出于各种原因（如对经济形势估计不乐观，对贷款项目的赢利能力表示怀疑），不愿提供借款人需要的全部贷款。比如在我们这个例子里，一家金融机构只同意向这位开发商提供8000000元抵押贷款。然而短缺的2000000元开发商仍然要设法获得。这时另一家金融机构同意向他提供2000000元第二次抵押贷款，这2000000元便是所谓的缺口抵押贷款。

采用缺口融资风险很大，因为在房地产经营初期，营业尚难马上正常，收入不很稳定，但这时投资者却要同时偿还第一次抵押贷款与第二次抵押贷款的债务。

(七) 担保出售

担保出售主要是在旧房产所有人急于以旧换新时采用的融资方式。一位旧房主想要购买一处新的房地产，没有足够现金，必须出售现有的旧房方可用旧房价款支付新房的首期价款现金。这时旧房所有人找到一位经纪人，委托他推销旧房。双方达成协议，委托人给予经纪人在一定时间内按委托人的报价出售旧房的独家代理权。同时协约规定在规定的时间内如果不能按委托人的报价出售，经纪人将以双方商定的“担保价格”将旧的房地产买下，担保价格低于委托人的原来报价，但委托人足以支付购买新房地产的首期价款。

第三节 房地产企业融资模式研究

在房地产开发，流通和消费过程中，房地产企业通过货币流通和信贷渠道开展一系列融资活动。房地产融资有其自身的特点，首先是资金来源的短期性和资本流动的长期性。其次，资金来源的固定性和资金利用的特殊性。最后，风险和收入受宏观经济影响。

根据融资渠道的不同，房地产企业可以分为内部融资和外部融资。所谓内部融资，即房地产企业通过内部融资获取资金，主要是指企业将经营活动产生的资金不断转化为投资资金的过程。例如内部留存收益，可以在短时间内收回的应收账款，预付款等。内部融资在企业发展中起着重要作用，这是业务流程中不可或缺的一部分。它具有很强的自治性，还具有抗风险和低成本的特点。内部融资是企业的首选，也是企业资金的重要来源之一。内部融资能力取决于利润水平、净资产规模和投资者的期望。

外部融资是从公司以外的经济实体筹集项目资金的一种方式。它也可以分为直接外部融资和间接外部融资。直接外部融资是指房地产企业的融资行为，如股票融资、债券融资、合资经营和合作经营等，直接与资金提供者协商，无须任何金融中介。间接外部融资是通过特定金融中介机构进行的一种融资活动。如银行信贷、委托贷款、非银行金融机构信贷、融资租赁等。与直接外部筹资相比，间接外部融资以金融中介为融资媒介，可以充分发挥规模经济的作用，降低融资成本，分散融资风险。

另外，房地产融资方式也可以分为直接融资和间接融资，以及债权融资和股权融资。

一、传统融资模式

(一) 自有资金

所谓自有资金，是指房地产企业利用自有资金，或通过各种方式扩大自有资金基础 (如从关联公司借款)，以支持项目发展。

优点：房地产企业可以长期持有，控制和使用通过该渠道筹集的资金；同时，必要的自有资金也是国家为开发商设定的硬性“门槛”。

缺点:《关于进一步加强房地产信贷业务管理的通知》(即 121 号文件) 规定，自有资金比例必须超过 30%。中国房地产企业众多，但是规模和实力雄厚的企业却很少。随着投资规模的不断扩大，对自有资金的需求将越来越大。

(二) 预收房款

预收房款，即在预售时房地产企业获得的预收购房定金，是内部融资的一种常见方式。

优点：对于房地产企业而言，销售收益是风险最低的最佳融资方式。预先收取的资金可用于工程建设，减轻自有资金的压力，并将部分市场风险转移给买方。对于购买者来说，少量的资金可以获得较大的预期增值收入，当房地产市场良好时，购买者很容易接受。

缺点：房产的预售受国家政策的冲击较大。如 2003 年《关于进一步加强房地产信贷业务管理的通知》(即 121 号文件) 的出台从法律监管层面规定了商品房必须在“结构封顶时才能取得商业银行的个人购房按揭贷款”。

政策的进一步完善是一把双刃剑。一方面，它有效地保护了消费者的权益。另一方面，它再次将房地产企业的融资困难问题放在了桌面上。在预售方式上，关键在于房地产企业能否成功获得相应的组织预售资格，这可能是实力不足的开发商的重要制约因素。目前，预付款的前提是房地产企业出售房屋，而购房贷款占我国购买者的绝大多数。由于信贷紧缩，购房者无法顺利贷款，这对房地产企业的预付款产生了很大的影响。房地产项目从开始建设到“五证齐全”“结构封顶”平均大约需要几年时间，此时，房地产开发商的资金尤为短缺。缺乏预付款将增加自有资金短缺的压力，并使项目发展不可持续。

（三）建设单位垫资

从目前的房地产融资市场来看，建设单位垫付资金的主要途径有两种，一种是房地产企业拖延工程款的支付，另一种是双方协商提供部分工程材料的方式。

优点：这种模式很容易与施工单位达成协议并获得理解和支持。

缺点：(1) 需要解决的资金有限，只能缓解问题而不能解决根本问题。根据建设部的统计，房地产开发企业对建设项目支付的延期工程款约占年度房地产开发资金总额的10%，远远不能满足大量资金使用的房地产企业的需要。(2) 法律严格限制建设单位流动资金贷款的使用，要求专项资金专用，禁止建设单位利用银行贷款发展房地产开发项目。

（四）银行信贷

长期以来，银行信贷是中国房地产企业的主要融资方式，它高度依赖银行贷款。中国向房地产企业提供的银行贷款主要有以下形式：日常流动资金贷款，主要用于房地产企业的日常经营以及完成土地储备所需的流动资金；项目开发贷款，主要用于房地产项目开发过程中满足建设资金需求；房地产抵押贷款，是房地产开发企业以土地或房屋产权作为抵押的贷款。贷款期限一般应与房地产项目的开发期限相匹配。

优点：经济成本低，使用方便，财务杠杆大，经营灵活，通过调整债务结构，长期和短期债务相互转移，可以有效规避高还债压力等风险。目前，银行贷款的融资方式仍然是中国房地产企业的首选。

缺点：银行信贷受国家政策的影响很大。近年来，针对银行信贷，国家出台了一系列房地产宏观调控政策，紧缩的货币政策使房地产企业的资金链突然紧张。在新政策下，银行在放贷前会仔细评估房地产公司的品牌，项目进展和未来收益，从而大大降低了信贷额度。

从 2003 年的 121 号文件到现在，已经采取了多种监管措施，包括限制购买和贷款，试点征收房地产税，提高利率，提高存款准备金率，加大住房供应保障力度，严格控制闲置土地，限制资本市场融资，监督预售资金。国家对房地产业进行了全面监管，逐步提高了银行信贷门槛。面对长期的资金瓶颈，房地产企业将开拓新的融资渠道。

（五）股权融资

所谓股权融资，是指企业股东愿意放弃部分企业所有权，并通过增资方式引入新的融资方式。房地产企业股权融资包括国内上市融资，海外上市融资和借壳上市三种方式。除了房地产企业通过首次公开发行（IPO）获得大量融资外，上市后的融资对于某些利润丰厚，信誉良好的企业来说也是一个不错的选择。

优点：（1）信誉良好，符合上市条件的房地产企业，能够在资本市场迅速筹集大量资金，所获得的资金没有固定的还款期限，可以用作永久股权资本。在改善资本结构的同时，企业只有扩大生产规模和提高竞争力，才能在房地产行业中处于领先地位。(2) 通过上市融资平台，房地产企业可以将良好经营的信息传递给公众，不断提高企业的品牌和声誉，从而吸引战略投资者并获得更多的资金。上市融资可以实现不同投资者优势资源的整合，而不受偿还本金和利息的限制。可以合理安排资金使用，促进企业内部资源优化。房地产企业具有项目资金规模大，投资周期长的特点。股权融资可以为它们提供稳定的资金流，以满足项目期间的资金需求。

缺点：以上市融资方式，缴税后的股息不能抵扣税款，发行股票可能导致控制权稀释甚至丧失控制权，因此融资成本和融资风险较高；上市融资门槛较高。目前，似乎大多数可以使用这种融资方式的企业都是信誉良好和盈利的大型房地产公司。因此，对于那些渴望扩大规模，并有一定意愿的中型具有发展潜力的企业，可以选择借壳上市的方式进行融资，从而达到增发配股各项指标的要求，达到从资本市场进行大规模融资的目的。

(六) 债券融资

债券融资是指项目主体按照法定程序发行，承诺按期向债券持有人支付利息和偿还本金的一种融资行为。根据发行人的不同，它可以分为政府债券、金融债券和企业债券。债券融资的利息是市场上最低且最固定的。另外，还款期比较长，风险可控。因此，企业拥有控制权，可以减少公司被控制。债券融资实际上是债务融资，不会削弱公司的控制权。

与股票融资相比，债券融资具有较低的资本成本，控制权和财务杠杆优势。劣势为融资风险高，限制诸多，融资额有限。

由于资金规模大，房地产项目风险高，流动性差以及中国公司债券市场运行机制不完善，存在公司债券无法及时偿还的可能性。为了防止到期不付款等各种风险，规范债券市场，监管机构严格控制债券市场，特别是在审批债券的同时，严格控制发行房地产企业债券。这些限制提高了房地产债务融资的门槛，并增加了发行成本。因此，私人房地产企业的债券融资是遥不可及的融资方式。

二、新型融资模式

(一) 房地产信托

指的是委托人委托房地产信托机构管理，经营或处理受益人委托的房地产及相关资产的一种信托行为。房地产信托共有四种模式：贷款型信托融资模式、股权型信托融资模式、财产收益型信托融资模式和混合型信托融资模式。目前，信托产品主要包括两种模式：信托投资公司对房地产项目的直接投资和债务融资。

房地产信托筹集资金的渠道与银行不同。资金主要来自房地产信托基金，房地产信托存款，集资信托和代理集资，以及资金信托和联合投资资金。与银行信贷相比，房地产信托融资具有更多的优势。它不仅可以降低房地产企业的整体融资成本，而且可以灵活方便地筹集资金，而且资金利率可以不固定地调整。因此，中国人民银行于2003年6月发布了第121号文件，限制房地产企业的银行信贷融资，房地产信托逐渐成为企业的热点。由于信托系统的特殊性和灵活性，以及其独特的财产隔离功能和权益重建功能的优势，它可以通过结合产权模式、优先购买权模式以及收益权模式等多种模式来进行金融创新。然后将银行信贷完全整合，形成新的联合融资模式，也称为“信托+银行”模式。

（二）房地产证券化

所谓房地产证券化，就是将房地产投资物权形式直接转变成债券拥有的有价证券形式。换句话说，就是把流动性较低、以物权形式存在的房地产投资直接转化为资本市场上的证券资产金融交易的过程[①]。一方面，从银行的角度来看，金融机构将其房地产债权分为面值较小的证券，然后出售给公众，即出售给大量投资者，以利用资本市场筹集资金，然后发行房地产贷款；另一方面，来自非金融机构，房地产投资和运营机构的房地产价值已从固定资本形式转换为具有流动性功能的证券，可以通过出售在资本市场上筹集资金。

优点：房地产证券化的实施可以利用证券的流动性，在房地产的长期资产和证券的短期资本流动之间架起桥梁，迅速获得大量有效资金，并顺利开展项目；它有利于实现房地产投资和消费。依靠证券作为房地产产权的转移载体，将吸引更多的资金。另一方面，基金价格的变化在一定程度上说明了投资者对基金投资获利能力的基本判断和市场预期，即通过经济信号进行传递，并有助于收集房地产的购买力和市场价格；为了为房地产证券化提供有效保障，国家还建立了相关政策和法律。2005 年 12 月 1 日，《金融机构信贷资产证券化试点管理办法》《管理办法》正式实施后，不仅明确信贷资产证券化发起人的资格和资本要求，而且还完善了证券化业务规则，强调风险管理，监督管理和法律责任。为进一步规范化、维护各利益关联方的合法权益提供有力保障。

缺点：房地产企业需要将部分收益分配给相关的利益相关者。

---

① 任莉 . 中国房地产融资研究 [D]. 广州：广东省社会科学院，2014.

(三)联合开发

所谓联合开发，是指房地产开发商与经营者合作开发房地产项目的一种融资方式。

优点：联合开发可以有效降低投资风险，实现房地产开发与运营的可持续发展。房地产开发商与经营者之间的合作与全面协调，可以使双方获得稳定的现金流量，有效地控制业务风险。同时，目前，我国政府对房地产开发企业取得贷款的条件有明确规定。房地产开发固定资产投资项目使用的自有资金必须占总资本的35%以上。因此，对于中型房地产开发企业而言，在获得资金的机会相对较少、银行信贷紧缺的情况下，联合开发可以有效避免资金链断裂，获得融资担保。房地产开发商和经营者的结合，不仅可以重新整合房地产开发的各个方面，而且可以通过品牌合并和发展产生业务优势。企业和经营者的品牌效应得到有效改善。

缺点：商业运作中泄露商业机密的风险很高；协调不同公司员工的工作更加困难，这需要时间来适应；同时，由不同的企业文化引起的冲突也将增加协调成本。

(四)开发商贴息贷款

开发商贴息贷款的实质是一种"卖方信贷"，即房地产开发商提供资金委托商业银行向其商品房购买者发放委托贷款，而开发商则在一定时期内补贴利息。

优点：商业银行通过委托贷款业务，不仅可以有效规避国家政策风险和信用风险，而且可以获得一定的中间业务收入，例如服务费等；房地产开发企业可以实现早期销售，可以解决销售阶段的资金提取问题。但是，募集资金的使用方式比较灵活，既可以归为自有资金，作为销售利润，也可以直接投资于项目建设，可以较好地解决开发商自有资金不足的问题。房地产企业的贴息提供了非常诱人的营销主题，房屋的低价加上贷款的利息补贴可以大大减少购房者的购房成本，从而有效地刺激了购房者的购买欲。

缺点：初期投资金额巨大，只能长期分期收回。因此，只适合实力较强的大型房地产企业，发展高利润、高档精品社区更为合适。

（五）售后回购及回租

售后回购是指房地产开发企业将自己开发的房地产出售或者抵押给相关的贷款机构，以获得大量的资金用于再投资；之后，它将以分期付款的形式长期赎回房地产。相关的贷款机构可以是银行、金融公司、投资公司、信托公司和其他金融机构，或者是拥有大量资金的工业公司。

优势：房地产企业以售后回购等形式获得较高比例的融资，用于其他项目的持续开发；巧妙地规避了禁止公司间一般借贷的国家政策，在赎回房屋后仍然可以再次出售。这种融资方式在启动再投资过程中对激活资产和解决资金短缺问题非常有效。因此，特别适合长期持有大量股票的房地产、资金周转不畅的房地产开发企业。

缺点：在销售和回购过程中会产生两种交易税。同时，有必要将部分收益作为贷款利息转移到贷款机构，因此资本成本较高。在运营前，有必要进行经济可行性分析、成本效益分析等，以合理规避资金风险。

售后回租是指房地产开发企业出售自己开发的房地产，然后将其租回自己经营或委托他人经营。房地产开发企业在售后回租过程中，首先将房地产的所有权转让，以使开发资金能够迅速变现和回收，减少资金占用，获得销售利润。同时，房地产企业保留使用该房地产的权利，在未来的租赁中，房地产企业取得长期经营收益。也就是说，房地产企业在回租的整个过程中都实现了两次利润。这种方式特别适用于商业建筑的融资，例如酒店和购物中心。

(六) 融资租赁

融资租赁是一种结合实物信贷和银行信贷的新型金融服务形式。它集金融，贸易和服务于一体，是跨领域和跨部门的行业。房地产融资租赁的过程如下：首先，房屋承租人通过自己或通过出租人选择房屋。其次，出租人投资从房地产销售商那里购买房屋。最后，出租人将房屋交给承租人使用，在此期间承租人将租金交付给出租人，也就是说，出租人通过收取租金来获得收入。如今，当银行存款的利率不高时，出租人更倾向于以无风险的融资租赁方式获得比利息更高的回报。

优点：申请过程简单快捷，还款方式更加灵活。

缺点：租金高，融资成本高。

(七) 海外融资

在金融信贷紧缩的严峻现实中，传统的融资渠道有限，资本紧缩可能成为房地产企业在不久的将来面临的困境。因此，海外融资已成为房地产企业的重要渠道。

优势：海外金融市场更加成熟，融资成本更低，有利于房地产市场国际化的可持续发展，也有利于有效缓解国内房地产企业对银行信贷的过度依赖；同时，融资方式的逐步多样化可以分散金融体系的风险。

缺点：对房地产企业的经营规模和盈利能力发展潜力有一定要求；国内外不同的融资政策可能导致融资风险；“远水解近渴”，

信息不对称性强，同时国外房地产投资对开发项目的要求很高，房地产开发的全过程都必须透明，这是一个巨大的挑战。

（八）私募股权融资

私募股权融资（(Private Equity，以下简称 PE）指以私募形式投资于私营企业（即非上市企业）的权益性投资。在交易执行过程中，考虑了未来的退出机制，即通过上市、并购或管理层回购等方式出售持有的股份以获得利益。

近年来，随着私募股权融资的不断升温，以及房地产金融的不断创新，私募股权投资基金纷纷投入房地产行业。房地产私募股权融资是指以非公开方式向社会募集股份，即只通过电话、面对面等方式向特定投资者募集所需资金，从而取消了信息披露程序。

优点：资金来源更加广泛；操作简便快捷；带来更稳定的现金流，帮助房地产企业顺利上市；由于私募股权投资的投资者多为大型知名企业或金融机构，具有较强的专业知识、丰富的管理经验以及一定的行业联系和业务网络，这将为企业的进一步成长和发展带来极大的帮助。

缺点：融资成本高，风险退出机制不完善，相关法律法规不健全。

随着国家宏观经济政策对融资监管力度的加大，银行信贷出现了萎缩的趋势，在贷款金额、贷款期限、担保方式、还款周期等方面存在诸多局限性。因此，企业和专家们把注意力转向了阳光私募。通过对公开发行股票、银行信贷和私募股权融资三种融资方式的比较，发现私募股权融资在房地产企业尤其是中小企业的发展中起着非常重要的作用。

(九) 夹层融资

夹层融资是一种风险和收益介于优先债务和股本投资之间的融资方式。它处于公司资本结构的中间。夹层融资通常采取次级贷款的形式，在某些股权结构可从监管要求或资产负债表中受益时，也可以采取可转换票据或优先股的形式,。

优点：夹层融资是一种非常灵活的融资方式，其投资结构可以根据不同公司的不同需求进行资金筹集；夹层融资具有较长的还款期限，通常为5年至7年；公司控制和财务合同的要求小于银行信贷；夹层融资成本低于股权融资；夹层融资有多种退出方式，其偿债模式是由目标公司的现金流量状况决定的；流动性较私募股权融资好。

劣势：夹层融资成本高，信息透明度低；复杂的法律结构使得法律成本高于普通抵押贷款。

(十) 项目融资

所谓项目融资，是指以房地产开发项目资产和未来收益为资金来源偿还贷款和担保的融资模式。该模式具有一次性融资量大、风险分散、建设周期长、投资回收期长等优点。非常适合大型商业地产项目，不仅可以很好地实现融资目标，还可以起到风险屏蔽的作用。但项目融资较为复杂，需要投入更多的人力物力进行分析和决策。

第四节　房地产项目融资模式及应用

随着我国总体经济的快速发展，房地产业已成为国民经济的支柱产业之一。然而，随着全球金融危机的漫延，我国房地产业也受到了严重影响。在这个关键时刻，创新房地产项目融资模式，对于房地产企业来说，为了保持我国经济的持续增长是一件非常有意义的事情。

一、房地产开发企业传统的融资方式

房地产开发企业传统的融资渠道主要有内部融资和外部融资。内部融资主要来自房地产开发商自身的积累。开发商自身资金的积累主要是指企业自有资金的开发和以企业为基础的股权融资。前者的积累过程相当缓慢，后者目前在我国利用有限的传统外部融资来源，主要是银行贷款、信托投资、承包商带资承办，尤其是银行贷款。银行贷款的金额和期限有严格的限制。银行贷款项目的风险首先由开发企业承担，然后由银行承担，这极不利于风险的分散。由此可见，传统融资方式严重阻碍了房地产开发企业的发展壮大，通过将建设项目本身纳入资本市场筹集资金将逐渐成为必然趋势。

二、项目融资模式在房地产项目中的应用

对于房地产业来说，目前我国很多房地产开发项目都是通过成立项目公司来运作的，而房地产开发项目的抵押贷款也是由房地产开发项目的资产担保的，这使得许多房地产开发项目的融资具有项目融资的一些特点。

（一）直接安排融资模式

直接安排模式是房地产开发商（项目发起人）直接安排项目融资，并在融资安排中直接承担相应的责任和义务。这是一种相对简单且应用广泛的项目融资模式。一方面，开发商与负责房地产开发项目建设和销售管理的项目管理公司签订协议，开发商可

以自行管理项目；另一方面，开发商与融资方签订融资协议，融资方应向开发项目提供贷款。同时，开发商将自有资金注入开发项目，使项目得以启动。在项目建设过程中，融资方通过银行账户监控项目进度，并按照与开发商签订的协议注入后续资金，项目销售收入的一部分将用于偿还开发商与融资方约定的贷款，其余部分作为收入支付给开发商，这是一种适合房地产开发商自身财务结构不太复杂的情况下的模式，即使追索权有限，因为融资安排是直接以开发商的名义进行的，因此，对于信誉良好的开发商来说，融资模式可以直接安排，获得相对低廉的资金。

(二)“设施使用”融资模式

“设施使用”是指工业设施或服务设施的提供者与该设施的使用者之间的协议，具有付款性质，无论货物是否被提取，该设施使用协议有时在工业项目中被称为“委托加工协议”。

该模型可应用于房地产开发中的廉租房建设。采用这种模式进行房地产项目融资的主要步骤如下：①项目投资者与地方政府达成协议，地方政府规定“无论是否使用，都必须付款”，并由贷款银行接受。②项目投资者设立项目公司来拥有、建设和经营房地产，也可以将公司推向股市吸收其他投资者的资金。③房地产建设中标公司需要有一定的信誉和经验，并能够由银行提供履约保证。④项目公司以房地产使用协议，建筑合同和履约担保为融资的信用担保。⑤地方政府使用每月收取的低租金和一些财政补贴来支付房地产使用费。

这样的模式可以帮助政府为建造廉住房所需的巨额资金提供资金，房地产开发商也可以从更多的金融机构获得贷款。

(三)“产品支付”融资模式

产品支付法是指采用无追索权或有限追索权的融资方法，提供贷款的银行从项目中购买一定份额的生产量，这部分产品的收益作为项目融资的偿债来源[①]。

该模式可以由房地产公司代表组织应用于房地产业务的发展，其主要形式是从单位筹集资金以建立房地产业务。实施步骤包括：①房地产投资人成立中介机构（或直接以单位名义）从项目公司购买一定比例的房屋作为融资基础。②投资者支付购置房屋的资金。将资金交给中介机构，中介机构根据生产支付协议将资金注入项目公司，作为项目建设和项目投资基金。项目公司承诺以产品资产和完工担保为信用担保，以一定方式安排产品付款。③房地产项目完成后，将项目公司的房屋出售给中介机构的投资者，以偿还中介机构债务。

这种模式的特点是：首先，项目债务还本付息的唯一来源是项目产品。其次，节省了大量的销售成本。此外，它要求项目公司提供最小产量和最低质量标准的保证。

（四）BOT 融资模式

BOT 是英文 Build Operate Transfer（建设运营转让）的缩写形式，是一种通常用于动员私人基础设施投资的方法。具体方法是，政府将公共基础设施的建设和经营权交给私有资本，给予特许权，然后由私有企业为其自身建设筹集资金。建成后，民营企业从自己的经营中获得预期收入，并在几年后转给政府。BOT 本质上是政府与民营企业之间基础设施建设的特许经营协议。目前，BOT 项目融资模式已经开发了 BTO，BOOT，TOT 等扩展形式。

BOT 项目的融资模式可以应用于公园等公共休闲场所的建

---

① 黄德忠，阳秋林．房地产项目融资模式的探讨 [J]. 中小企业管理与科技（上旬刊），2009（10）：69-70.

设。BOT模式的运行过程基本上可以通过以下步骤来实现：①地方政府作为项目的发起人，选择和确定由BOT项目资助的项目，并对其进行技术、经济和法律可行性研究。②项目选择后，应准备招标文件和报价文件，并拟定招标条件，邀请有关投资机构和财团对项目的建设和发展提出建议。作为一家企业，它开始调查该项目的可行性，与贷款人进行谈判，并准备成立一家项目公司。③政府对投标人进行评估和选择后，由政府和企业协商有关协议，协商项目的各个方面，并签署法律文件。④在为项目开发做好一切准备后，将开始项目的建设和运营阶段，各方应按照协议履行协议的义务和责任。⑤经过几年的运作，企业根据协议要求将项目的所有权转让给政府。

（五）ABS（Asset Backed – Securitization）融资模式

ABS融资模式是以房地产项目所拥有的资产为基础，以项目资产的未来现金收益为保证，通过在资本市场上发行高级债券来筹集资金的一种项目融资方式。这种融资方式的目的在于通过其特有的提高信用等级方式，使原本信用等级较低的项目可以进入国际高档证券市场，利用该市场信用等级高、安全性和流动性强、债券利率低的特点，降低发行债券筹集资金的成本。具体来说，利用ABS模式进行房地产项目融资的流程基本上可分为四个阶段。

ABS融资模式是一种以房地产项目拥有的资产为基础，并由该项目资产的未来现金收入担保的项目融资模式，可以通过在资本市场发行高级债券来筹集资金。这种融资方式的目的是通过其独特的方式来提高信用评级，从而使信用评级较低的原始项目能够进入市场信用评级高、安全性和流动性强的国际高端证券市场。该市场债券利率较低，降低了发行债券筹集资金的成本。具体来说，使用 ABS 模式的房地产项目融资过程基本上可以分为 4 个阶段。

1. 组建 SPC 阶段

SPC 是 Special Purpose Corporation 缩写，即特殊目标公司。这种公司包括国际权威资信评估机构较高资信评估等级（AAA 或 AA 级）的信托投资公司、信用担保公司、投资保险公司或其他具有类似功能的机构。成功组建 SPC 是 ABS 顺利运作的根本前提。

2. SPC 与项目结合阶段

适用于 ABS 的项目是大型房地产项目或组合项目。大型房地产项目具有未来现金流入，组合项目由几个中小型房地产项目捆绑而成。项目公司拥有这些未来现金流量的所有权。这些现金流量所代表的资产是 ABS 融资的重要基础。SPC 与这些项目的结合是将项目公司拥有的未来现金收入权以合同协议的形式转让给 PC。

3. SPC 发行债券阶段

SPC 可以直接在资本市场发行债券来筹集资金，或者其他机构可以通过 SPC 信用担保发行债券。SPC 发行或由其信用担保的债券将自动具有相应的等级。之后将募集的资金用于项目建设和开发。

4. SPC 偿债阶段

由于项目公司已将项目资产的未来现金收入权转让给 SPC，因此 SPC 可以使用项目资产的未来现金收入来偿还其在国际资本市场上发行的债券的本金和利息。

（六）PPP（公共部门与私人企业合作）融资模式

PPP 是 public private partnership，也就是公共部门与私营企

业之间的合作模式，为项目生命周期中的组织结构设置提出了一种新的模式。它是一种基于政府、营利性企业和非营利性企业根据特定项目形成的“双赢”或“多赢”概念的相互合作的形式。与预期的个人行为相比，参与者可以取得更有利的结果。这种融资方式适用于大型运动场馆和开放式健身场馆的建设。PPP 与 BOT 模式相似，但是参与该项目的公共和私营企业之间存在合作关系。民营企业从项目示范阶段开始参与项目，而 BOT 模式从项目招标阶段开始参与项目。例如，运动场馆的建设可以由政府牵头，非营利性组织（如体育协会和体育彩票中心以及房地产企业）参与。

PPP 模式具有以下优点：① PPP 融资模式可以使房地产企业参与项目的初期阶段，有利于利用先进技术和民营企业的管理经验，可以更好地解决房地产企业的风险分配问题。②在 PPP 融资模式下，公共部门和房地产企业共同参与公共设施的建设和运营，双方可以形成互利互惠的长远目标，更好地服务于社会和公众。同时，公共部门参与项目的建设和运营还可以降低项目的国家政治风险，增强私人投资者参与公共设施的建设和运营的积极性。③在 PPP 融资模式下，有意参与房地产项目的民营企业可以尽快与项目所在地国家的政府或相关机构联系，从而节省了招标成本和准备时间，减少了最终竞标价格。

（七）房地产的售后回租融资模式

售后回租是一种特定的融资租赁形式。也就是说，为了公司融资，在出售资产后，公司会将资产从买方那里租回。一方面，它可以获得资产的变现资金；另一方面，它可以继续使用资产。

房地产售后回租融资模式的运作过程可以通过以下步骤基本实现：①房地产项目公司设计房地产的价格和租金，计算房地产的投资收益率，应为高于银行存款利率。②项目公司与房地产投资人签订房地产购买合同，并按协议将房地产出租。③项目公司将房产出租给用户，每月租金用于支付房东的租金。

房地产售后回租主要是通过出售积压的房地产来收回大量资金，从而减轻了项目公司的资金短缺。对于投资者而言，所购买的房地产属于自己所有，从而避免了由于项目公司破产而造成巨大损失的风险。

第三章　企业生命周期相关理论分析

第一节　企业生命周期理论

企业生命周期的概念仅提出了几十年，但相关研究的历史实际上可以追溯到19世纪，经济学家和管理学者从不同角度对企业生命有机体的产生、成长及衰亡进行了研究。如英国“剑桥学派”创始人阿尔弗雷德·马歇尔（Marshal.A），他是第一位使用自然生活来模拟企业并研究企业兴衰的经济学家。他巧妙地将企业系统比作一个庞大的森林，后来由企业研究人员加以完善，被冠以“企业森林原理”的称谓。科斯（Case）等人的交易费用理论之后，许多经济学家开始观察企业活力现象，并提出了不同的观点和理论。1965年美国学者J.W.戈登尼尔（Goldenell）的研究将企业生命问题由经济学领域移入了管理学领域，他以“如何防止组织的停滞与衰老”为论题系统地讨论了组织的生命力和生命周期，引起了管理科学家对企业生命周期现象的关注。1972年，美国哈佛大学教授拉芮·格雷纳（Greiner Larry E.）在《组织成长的演变和变革》一文中对企业生命力现象进行了广泛的研究，首次阐述了企业生命周期的概念，提出了有价值的理论问题，并对企业生命周期的主题进行了全面讨论，这被认为是该理论的开端。

企业生命周期理论形成的标志是美国学者伊查克·爱迪思博士（Ichak Adizes）在1989年发表的《企业生命周期》一书。爱迪思从事企业咨询已有很长时间了，在咨询过程中，他发现许多不同的企业具有相同的增长规律，就像人类的成长规律一样，表现出生命周期的规律。1979年爱迪思在《组织动力学》夏季刊上发表了一篇题为“组织的转变：组织生命周期问题的诊断与处理”一文，对组织生命周期进行了划分和界定，他认为，像所有生物和社会系统一样，企业组织也有其自身的产生、成长、成熟和死亡的过程。根据他观察和研究的法律，组织的生命周期可以分为五个阶段：产生、成长、成熟、衰落和死亡。爱迪思对组织生命周期的研究得到了组织理论界的广泛认可，也引起了许多企业的广泛关注，这也促使爱迪思进一步研究企业的组织生命周期。爱迪思经过多年的研究积累，出版了《企业生命周期》一书，本书详细讨论了企业生命周期的理论和方法。通过对企业成长阶段的分析，提出了企业不同阶段存在的问题，并提出了实践性很强的解决方案。《企业生命周期》的问世标志着企业生命周期理论的诞生，为企业管理理论的研究开辟了一个新的视野，引起了许多学者和企业家的关注，并从不同的角度对企业生命特征及相关问题进行了研究。逐渐形成了关于企业生命周期理论的大量研究成果。

一、企业生命周期理论主要分支

(一) 仿生一进化论

仿生学从生物学的角度研究企业的组织结构。它认为，企业像自然生命系统一样，具有三个基本特征：新陈代谢，自我复制和突变。企业的新陈代谢过程是企业生命的连续过程。企业不断从外部获取人力、财力、物力、技术和信息等资源，通过企业内部的运作机制整合各种资源，将其消化吸收到企业的内部元素中，参与商业周期循环。企业的自我复制功能是指企业的生产和再生产过程。在生产和复制过程中，企业的技术水平和人员素质不断提高，企业规模不断扩大，新的再生和复制不断形成。同时，企业也有突变。技术创新和管理的变化，以及经济政策、竞争形势、用户需求、原材料供应渠道等的变化，都使企业有发生突变的可能性。

以温特（Winter）为代表的企业进化论是最有影响力的仿生学理论。根据企业进化论，企业的成长主要包括生物进化的三个核心机制：遗传、多样性和自然选择性。组织、创新和路径依赖的演变对企业的成长具有最重要的影响。

（二）企业生命周期阶段论

阶段论具有很大的影响力，吸引了众多学者研究企业生命周期的阶段理论，他们将企业的成长看作是一个连续的过程、分为几个阶段，每个阶段都有各自的特点和问题。在企业成长阶段，各种研究都有不同的划分标准和方法。至少有十几种阶段理论，阶段数从最少三个阶段到最多十个阶段。

关于生命周期阶段论的研究纷繁复杂，但伊查克·爱迪思（Ichak Adizes）提出的企业生命周期理论相对完整和成熟。伊查克·爱迪思将企业生命周期分为三个阶段和十个时段，即成长阶段、再生和成熟阶段以及老化阶段，其中成长阶段分为三个时段，即孕育期、婴儿期和学步期；再生和成熟阶段分为三个时段，即青春期、盛年期和稳定期。老化阶段分为四个时段，即贵族期、后贵族期、官僚期和死亡期。爱迪思（Adizes）以企业生活为研究对象，分析其成长和衰老的原因，并提出系统的对策，具有很强的现实指导意义。

（三）企业生命周期归因论

早期研究人员对企业生命周期的归因主要基于技术和产品

生命周期。通过研究特定技术，产品生命周期和企业生命周期之间的关系，他们找到了决定企业生命周期的具体因素，然后提出了延长生命周期的途径。研究表明，产品生命周期在一定程度上受技术生命周期的影响，而企业生命周期在很大程度上是产品生命周期的延伸。自20世纪90年代以来，有两种不同的企业生命周期归因分析框架。一是以“十二大生物法人系统”为分析框架，高哈特（Gouihar）和凯利（Kelly）的“企业蜕变”理论将企业视为有染色体的“生物法人”（biological corporation），他们总结了一个企业中的十二对染色体，即三对新计划的染色体，三对重组后的染色体，三对复活的染色体和三对新生的染色体。每对染色体负责一个生物法人系统。通过塑造十二对染色体，企业家创造了企业独特的基因结构，协调了这十二个系统的同时转化，并确保了企业生命的延续和健康成长。二是将企业生命周期与企业领导者素质联系起来，强调企业领导者在企业成长过程中的关键影响。汉布瑞克（Hambrick）和福克托玛（Fukutomi）在对总裁任期内变革规律和领导能力原因进行分析的基础上，提出了一个五阶段模型。他还认为，由于总裁管理思想的变化，企业在不同阶段呈现出不同的特征，对企业的生命周期产生了影响。例如，从任命阶段的经验管理到不断地调整与改革，逐步形成总裁的管理风格，由于流程缺乏创新，不断加强的独特管理风格成为企业进一步发展的障碍。

（四）企业生命周期对策论

企业生命周期对策论通过对企业成长的案例研究，以竞争对手为参考，从系统动力学的角度分析了如何获得成长优势，并提出了建立长寿企业的独特思路。阿里·德赫斯所著《长寿公司》是企业生命周期对策论的代表作，他认为，企业成功的共同点是：宽容和保守的财务，凝聚力和认同感，以及对周围环境的敏感性和及时响应。企业要想在不断变化的竞争环境中持续发展，就必须保持公司价值观与员工个人价值观的协调，即企业应该重视人员，而不是物质资产。国内学者乔龙宝也指出，企业整体能力的发展制约促进了企业生命周期各个阶段的演化过程，因为企业与企业之间物质、能源和信息交换关系的系统能力、企业生命周期各个阶段的外部环境是不同的，也就是说，企业外部活动的系统能力是不同的，因此企业不同的生命周期阶段表现出不同的特征和规律。因此，在生命周期的每个阶段，企业应建立相应的整体系统能力，根据企业发展的需要不断发展系统能力，保持自身的自我调节和自我完善的能力，促进企业的平稳成长。

二、中国学者对企业生命周期的研究

20 世纪 80 年代后期，中国学者开始研究企业的生命周期，并取得了长足的进步。其中，中国社会科学院陈佳贵教授提出的企业生命周期模型更具代表性。该模型以企业规模为垂直坐标，分为大中型企业和小企业两种情况。企业生命周期分为孕育期、求生存期、高速发展期、成熟期、衰退期和蜕变期。根据企业规模的扩大，陈佳贵教授将企业的增长方式分为 A、B 和 C 三种类型：A 型为一种不发达的类型，这意味着企业在成立时就是一个小企业。经过多年的发展，尽管它的实力可能得到增强，但在其寿命延长过程中却从未成长为大中型企业。B 型是正常的发展型，这意味着当一个企业诞生时，它仅仅是一个小企业，经过多年的发展，已经变成了大企业。C 型是一种非凡的发展类型，意味着企业诞生之初，就是起点高、实力强的大中型企业，并在成长过程中发展成为超大型企业。

三、企业生命周期的修正模型

伊查克·爱迪思博士和陈佳贵教授共同认为，企业发展具有生命周期的特征，并提出了自己的具有较强解释能力的企业生命周期模型。但是，在某些方面，还需要进一步的研究。实际上，企业生命周期的形式是不同的。每个阶段应由企业生命周期中的不同状态定义，可以分为两个主要类别。

（一）典型的企业生命周期模型

典型的企业生命周期模型描述了一个企业经过孕育诞生后，从初生期到衰退期直至最终消亡的整个连续过程，分为孕育期、初生期、成长期、成熟期和衰退期，这是一种最普遍的企业生命周期类型，其形状类似于正态分布曲线[①]。孕育期是企业成立的准备期。经过市场调查，企业的创建者已经形成了创业的意图。在起步阶段，企业还处于探索阶段，在拓展市场方面会遇到很多困难。同时，由于缺乏足够的资金，如果整个生产和经营中出现一些错误，可能会导致企业过早死亡。在成长期，企业的生产规模不断扩大，业绩迅速增长。同时，企业需要大量资金来发展其业务。如果没有足够的资金支持，企业可能会错过发展机会。在成熟期，主营业务表现稳定，保持较高水平。企业开始拥有大量盈余资金。企业管理一直在规范化的轨道上，各种系统都比较完善。但是，经过一段时间的稳定运行后，可能会出现内部和外部问题，例如僵化的企业管理模式和加剧的市场竞争。如果不及时解决相关问题，企业将进入衰退期，业务在萎缩，业绩下降，利润大大减少。如果我们不及时采取措施，企业最终将衰败。

---

① 庞艳桃．高新技术企业可持续成长机理研究 [M]. 武汉：湖北科学技术出版社，2010.

(二) 非典型的企业生命周期模型

企业的发展会遇到挫折，经常会出现复杂的企业生命周期现象，因此存在着不同形式的企业生命周期。典型的是夭折型、突败型、双峰或多峰型、台阶型等。夭折型公司的生命周期曲线表明，这家公司成立后很快就会倒闭。突败型企业的早期发展非常迅速，但由于盲目扩张或多样化等不切实际的原因而失败。双峰或多峰型企业开始出现衰退迹象时，它们应及时调整其管理策略，以使其绩效再次上升并形成另一个高峰。在企业发展的实践中，此过程可能会重复发生，从而形成多峰状态。台阶型企业的生命周期曲线表明，进入第一个成熟期后，企业将通过调整经营策略，推出新产品，扩大营销渠道等措施，进一步提高业绩，从而促进企业进入经济衰退之前的增长期。如果这种情况再次发生，则企业的生命周期将表现为台阶型。

四、企业生命周期理论分析

企业生命周期理论的四个主要分支，即仿生理论，阶段理论，归因理论和对策理论。四个理论都是生命周期理论体系的组成部分，都具有合理的方面和某些缺陷。仿生理论从生物学的角度探讨了企业的生命周期，但是企业与自然界中的自然生物之间存在许多差异，例如企业生命周期的决策机制和企业生命周期的演化机制。在仿生理论的基础上，阶段理论回答了企业生命周期的阶段性问题，但是根据其特征将企业生命周期的各个阶段划分为哪些阶段，值得进一步研究。归因理论和对策理论着眼于企业生命周期的内外部因素，提出了延长企业生命周期的对策，却忽略了仿生理论和阶段理论所揭示的决定企业生命周期的因素。

因此，为了真实、准确地把握企业的生命周期，并针对具体企业提出对策，有必要对现有理论研究的不同阶段以及影响企业生命周期的主要因素进行综合分析。可以发现，复杂的企业生命周期理论主要关注生命周期的微观因素，生命周期的阶段以及延长企业寿命的对策。它在一定程度上揭示了企业成长和老化的规律，有助于企业管理者提前做好必要的变革准备，适当地调整企业管理策略，提高企业管理的针对性和适应性，以适应企业成长需求。

第二节　融资成长周期理论与企业融资理论

一、企业融资成长周期理论

企业融资成长周期理论是一种动态的融资模式选择过程，是一种从企业不同发展阶段选择的匹配融资模式。韦斯顿（Weston）和布里格姆（Brigham）首先提出了企业融资成长周期理论，认为企业的成长周期有三个阶段，即初创期、成熟期和衰退期。1978年，该理论得到了韦斯顿（Weston）和布里格姆（Brigham）的进一步拓展，将企业的融资成长周期分为创立期、成长阶段（I、Ⅱ、Ⅲ）、成熟期和衰退期六个阶段，按照企业不同发展阶段的销售收入、利润、资本结构等情况来安排融资来源。

伯杰（Berger）和尤德尔（Udell）进一步完善了企业融资成长周期理论，认为企业成长的不同阶段，随着企业规模，资本禀赋，企业信息约束等条件的变化，企业融资结构也发生变化，因此需要不同的融资匹配。

企业初期的主要融资方式包括内部融资、天使投资和贸易贷款。处于成长阶段的企业主要利用风险投资和金融机构贷款。成熟阶段的企业主要采用公开市场和公司债券融资的方式。在我国，许多学者对企业融资成长周期理论进行了研究，发现企业融资成长周期理论也适用于我国企业融资结构的安排。

综上所述，企业融资成长周期理论把公司融资作为一个动态过程，进一步丰富和扩展了公司融资需求理论。对我国企业而言，企业融资成长周期理论在企业的融资方面具有指导意义，其理论基础也同样能诠释我国企业融资方式的变化。

企业融资将根据其融资成长周期选择相对应的互联网金融模式与之匹配[①]。首先，初创企业没有完整的交易记录，互联网平台上保留的信息很少，并且无法通过互联网完成信息的搜索和利用。投资者只能通过项目负责人的专业判断进行后续投资，因此初创企业选择众筹融资是可行的。其次，成长型企业具有完整的交易记录和特殊信息，此外，硬信息被保留在互联网平台上，有利于投资者的查询和使用。因此，成长中的企业适用于 P2P 网络借贷模式。如果成长型企业是电子商务供应链企业，则应选择电子商务网络小额信贷。最后，成熟的企业具有良好的硬信息和软信息，收入稳定，社会声誉良好，资金需求大，可以选择 P2P 网络借贷方式或网络小额信贷。

综上所述，互联网金融的理论基础分析表明，互联网信息革命像工业革命一样，不仅在信息的收集、处理、应用、传输等方面起着重要作用，而且还引起新兴产业，经济社会的发展。引发人类思维、人际交往、生产和生活方式以及社会文化的根本变化。互联网的普及催生了电子商务、社交网络、网络媒体、互联网金融和其他新兴业态。这些新兴业态的出现已经形成了强大的

---

① 黄明刚 . 互联网金融与中小企业融资模式创新研究 [M]. 北京：中国金融出版社，2016.

互联网经济，并在整个社会生产力的发展中起着决定性的作用。

通过简单的经济模型和“蛙跳理论”等互联网金融的理论分析，利用网络经济与企业组织理论，信息不对称与交易成本理论，金融中介与金融发展创新理论，企业金融成长周期理论，企业互联网融资可以解决传统的金融信息不对称、交易成本高的问题。将行业互联网融资进行中介化，进而促进金融组织结构的“基因式”转化，有效地促进金融业的发展与创新是可行的。根据企业融资成长周期的不同阶段匹配不同的企业互联网融资模式，覆盖了企业金融成长周期全过程。因此，互联网金融作为企业融资的新兴融资模式，将进一步为企业融资提供新渠道。尽管对互联网金融的理论分析表明，互联网金融可以有效地解决企业融资中信息不对称的问题，降低交易成本，实现去金融化的中介，但目前互联网金融仍处于起步阶段，参与者热情不高，借贷失败和平台问题多。截至2015年底，问题平台数量占平台总数的近1/3，传统金融对互联网金融的发展产生重大影响。企业融资仍处于主导地位。

二、企业融资理论

(一) MM 理论

最早的企业融资理论是由美国经济学家 Modigliani & Miller 于1958年在名为“资本成本、公司理财和投资管理”的论文中提出的，因此被称为 MM 理论。该理论认为，在一个完美的市场，即一个无摩擦的市场中，企业的市场价值与其资本结构无关。这表明企业的投资不受融资方式的影响，无论采用哪种融资方式都不会影响企业的市场价值。MM 理论标志着现代融资理论的形成，并成为现代资本结构理论的主要内容。但是，由于该理论基于一系列严格的假设，例如资本市场完全竞争，没有公司和个人所得税，投资者抱有相同期望，没有交易成本和代理成本，而且企业没有破产风险，因此不可避免地受到实践的挑战。因此，两人后来在 1963 年修改了这一理论，考虑了公司所得税的影响。由于企业为免除企业所得税而向债权人支付了利息成本，因此修正后的 MM 理论变成：企业的债务杠杆率将真正影响企业的价值和融资成本。企业的融资成本随着负债的增加而降低。当债务比率达到 100%时，企业的价值最大。因此，企业的最佳融资结构应该是全部负债而不是股权。MM 理论虽然放宽了企业所得税的影响，并考虑了负债带来的避税利益，但并未考虑其带来的风险和成本，因此与现实不符。从那时起，学者们就不断放宽 MM 理论的假设，如考虑负债造成的风险和费用，企业的破产成本等因素，并修订了 MM 理论以完善和发展企业融资理论。

（二）权衡理论

权衡理论是对 MM 理论修正发展而来的，考虑了负债所导致的风险和费用，比较接近现实。该理论认为，企业的融资结构取决于融资结构中的成本与收益的权衡问题[①]。企业的最佳融资结构应该是一个完整的权衡系统，即负债的避税利益与破产成本的现值之间的权衡。限制无限追求避税利益或负债的重要因素是企业债务上升导致企业破产的成本和费用。由于企业债务的增加将增加企业陷入财务危机甚至破产的可能性，同时相关费用也会增加，这将增加企业的额外成本，从而降低企业价值。因此，企业必须在避税利益和破产成本之间进行选择。企业破产成本一般是指企业合法破产过程中发生的审计会计、律师、法院等费用。

① 王山慧．中国上市公司 R&D 投资的融资约束研究 [M]. 杭州：浙江大学出版社，2018.

由于权衡理论是基于资本市场均衡和价值最大化的，因此它已成为许多理论学派和金融从业人员的主要选择。

（三）新优序融资理论

根据新优序融资理论，在信息不对称但没有摩擦的金融市场中，内部人（经理）比外部人（市场或投资者）对公司信息的理解更好，并且拥有外部人所不了解的投融资信息。外部投资者只能根据内部人传递的企业资本结构，财务决策或股利政策等信息做出投资决策。当企业的投资项目的净现值为正，并且需要为该投资项目提供资金时，因为代表老股东利益的内部经理比潜在投资者对投资项目的获利能力有更好的了解，所以他们是不愿意将投资收益转移给潜在投资者的。潜在的投资者知道经理的模式，因此市场会误以为企业发行股票来为新项目融资。投资者将发行新股视为坏消息，并认为其前景不佳，从而降低了新股的价格。因此，发行新股总是会导致股价下跌和企业价值下跌，从而使企业避免因各种原因发行新股。但是，企业负债的增加向市场发出了良好的信号，表明企业的资产良好，管理者对企业的未来收益寄予厚望。因此，他们将选择需要偿还本金和利息的银行贷款或债券来为企业融资。同时，负债将使管理者努力工作，减少企业资金的总成本，并增加企业的市场价值。市场接受好消息后，股票价格将上涨，因此企业的市值与负债比例成正比。当企业需要为新的投资项目提供资金时，管理人员更喜欢内部融资，然后是债务融资，最后是股权融资。

（四）融资控制理论

在19世纪80年代后期，资本结构理论的研究重点转向了公司控制与资本结构之间的关系。融资控制理论是产业组织理论的重要组成部分。该理论基于企业管理者对控制权本身的偏好。认为融资结构的选择会影响控制权的分配，从而影响企业的市场价值。由于现代企业中控制权和所有权的分离，因此公司的管理者拥有公司的控制权。为了优先考虑公司控制权，企业管理者不是以公司价值最大化为目标，而是以公司控制权的分配为主要目标，试图通过融资方式和融资结构来影响控制权的分配，从而影响企业价值。尽管股东及其当选的董事会对公司具有实际控制权，但由于信息不对称、权力不足等原因，中小股东普遍具有搭便车的心态，这使得他们对企业的控制能力很弱。相反，债权人，尤其是银行，对企业的控制权更大。因此，对于一家有负债的公司，其运营取决于债权人（主要是银行），银行贷款具有严格的风险控制和抵押措施，因此在很大程度上可以控制企业，如果企业无法偿还债务，企业的剩余控制权将转移给债权人。对于喜欢控制权的管理者来说，最安全的方法是使用内部资本进行投资。因此，当企业需要融资时，最佳融资顺序是内部融资。

第三节　相关理论在房地产企业融资中的应用

虽然西方的资本结构理论是建立在资本市场较为完善的基础上的，而我国正处于经济转型期，并且资本市场发展不完善，因此不能够直接照搬西方融资理论，只能作为分析背景，以其为基础来构建适合中国企业现实的融资理论。但不可否认，西方融资理论为我国房地产融资提供了思考问题的方法，有着深刻的启示作用。

一、从权衡理论中了解，房企融资时负债要适度，需考虑融资风险

从我国房地产企业的发展现状来看，资产负债率普遍偏高。这种高负债率将严重影响房地产企业的发展。一旦资本额度破裂，房地产企业面临破产的机会就很大，因此破产和代理成本的增加抵消了债务融资的税收抵免效应。因此在本书研究房企融资策略时，应合理地控制负债融资水平，有效掌握负债融资和权益融资之间的比例。如果企业的经营前景非常乐观并且可以获得高额利润，则可以适当选择较高的负债水平；如果企业的前景不容乐观，总体发展缓慢，则应尝试选择其他融资方式以减少负债水平，以免企业陷入金融危机。

(一) 房地产企业融资风险管理优化的意义

1. 房地产行业融资风险防范的必要性

首先，我国的房地产行业特点突出在行业关联性强和社会基础性高两个方面。行业关联性强体现在从房地产项目开发到房产营销，整个过程所涉及的行业众多，包括建筑、金融、运输、装修、零售、服务等各个行业。关联性强意味着是拉动经济增长的一个着力点。社会基础性高主要体现在房产商品的住房功能，具有较强的民生属性。

其次，从其企业融资特点来说，除了一般企业的融资共性，其特殊性还包括房地产企业融资模式的特殊性以及政策导向性极强。从房地产项目投标开始一直到最终的出售，每个环节都需要资金的支持，与此同时房地产与其他企业融资不同的地方在于项目建成时间长，此外还需要营销，资金运作周期长，但是收益较高。因此融资举债对于房地产企业来说是一个普遍存在的事实，

并且负债率较高。政策导向性强集中体现在国家出台政策对于企业融资有着很大的影响。

最后，从全国房地产企业融资走势来看，融资规模上升趋势放缓，但是规模总量巨大；资产负债持续攀升，居高不下；银行融资渠道政策紧缩，融资放缓，房地产融资成本持续提升，加大了融资风险系数，民间融资积极拓展并逐渐兴起，但是整体市场规范发展滞后，融资风险较大并且资产纠纷等问题较多。整体来说，房地产行业融资风险增加是一个总体形势，这对于资金困难的中小企业来说无疑是不利的。

2. 房地产行业融资风险管理的重要性

面对房地产行业融资特点以及当前行业不容乐观的走势，防范融资风险，避免因为融资风险防范不到位带来的企业财务危机出现，因此必须重视财务管理工作，提高工作科学性，既能够为企业规避融资风险，又能够在工作优化过程中减少融资的成本，提高成本控制能力。以财务管理工作中风险识别为例分析其在融资风险防范上的重要作用。风险识别是房地产企业融资风险管理的第一步。只有准确判断出潜在风险，才能够针对性地制订方案，达到控制风险的目的。具体来说，融资过程的风险识别包括风险本身及其致因机理的规律性方法的掌握。具体到房地产行业的风险识别从资金来源角度来说包括国内贷款、外资投资、自筹资金以及其他资金来源，从不同资金来源的风险源来考虑，财务风险上的财务管理工作需要在风险识别的基础上，进行风险评估测量，根据致因机理和方法理论构建相关的财务预警机制。

(二) 房地产企业融资风险管理优化策略

1. 重视融资风险管理

房地产行业融资决策需要在企业融资风险识别以及风险评

价上认真分析研究，提高融资决策的科学性、全面性[①]。具体来说，明确融资结构目标，一方面综合考量整体行业走势，减少外部因素带来的融资风险；另一方面针对房地产企业内部融资风险成因的融资结构不合理的问题，有针对性地建立企业的融资结构。然后依据融资结构目标采用多渠道的融资手段分散融资风险，比如开展股权新型融资模式。在融资过程中要提升融资效率，对于资金的输入输出有一个清晰的规划，以资金的利用率的速度差来减少融资的成本。

2. 构建融资风险预警体系

构建融资风险预警体系对于房地产企业来说在当前产业发展以及融资现状来说都显得尤为必要，无论是融资风险还是企业财务风险都是不可避免的客观存在。房地产企业应构建融资风险预警体系。

首先，熟悉并掌握融资风险识别的致因机理，根据企业融资方式做出针对性的融资风险预警机制。比如不同的资金来源有着不同的融资风险，国内贷款的融资模式集中体现在金融风险以及高成本风险上；外资投资的融资模式的风险源来自国家对于外商外资进入国内房地产行业的限制政策，存在参与限制风险；自筹资金的筹资规模风险，自筹资金基本不能够满足企业的流动资金需求；其他资金来源融资模式是除以上所有资金渠道以外所有的其他方式，比如个人住房贷款。行业政策风险投资以及利率风险使得其他资金融资模式成本较高。

其次，需要针对企业的相关经济变量进行数据总结分析，在可能和多发性风险点位置设置风险监控和信息反馈机制，比如在

① 于美杰 . 房地产企业融资风险及管理问题研究 [J]. 中国市场，2019（30）：41-42.

风险监控上针对融资过程的渠道不同对诸如资金流动性、资金是否充足、经营效益、管理能力等指标进行实时监控，然后经过信息反馈机制分析整理，生成风险预警报告。

3. 完善企业内部控制

（1）管理者要重视针对融资过程中财务管理的内部控制，及时更新管理理念，提高财务风险防范的意识。

（2）针对内部环境、管理制度、监督机制以及风险评估和信息沟通机制等方面进行完善，构建完整立体相互协作的内部管理体系。内部控制的有效性对于提高融资效率、降低融资成本、降低财务成本等都具有重要的作用。

（3）优化作业流程、管理流程以及组织机构任务职责，加强企业文化建设等都是内部控制有效性的重要内容。重视和健全企业内部审计制度，确保内部审计的权力行使不受员工薪资、权力约束以及部门信息沟通等因素的影响，此外还要建立必要的风险应急处理机制，提高企业反控制的效率和能力。

二、从融资优序理论中了解，房企融资时存在一定的融资顺序

通过研究新融资优序理论，我们发现企业在融资时通常是存在融资顺序的即最先考虑内部融资其次是外部融资中的债权融资，最后是股权融资。而我国房企通常并没有按照这种顺序进行融资。我国企业通常由于自身积累能力的不足，更侧重于选择外部融资。而且大多数的企业在融资时仅仅考虑资本需求而忽略了企业的实际发展情况及前景状况，因此通过国内外融资理论的研究，我国房企在进行融资时应当根据实际的发展情况来建立适合自身成长的融资顺序。

(一)国内外企业融资现状

1. 国外

美国财务学家梅耶斯和马基鲁夫在1984年提出了融资优序理论，其核心思想是：企业的融资首选内源融资，其次为外源融资，在外源融资中又首选债券融资，其次才是股权融资。随后，纳拉亚南等财务学家也用不同的方式得出了这一结论[①]。虽然后来有一些经济学家并不赞成这一优序理论，他们认为企业的融资偏好并没有一个固定顺序，但是在西方这一理论依然盛行。在西方一些国家的大部分企业在融资顺序上也在基本遵从这一融资规律。例如，在美国，1970年至1985年期间，内部融资额和外部融资额分别占64.1%和35.9%。股权融资仅占外部融资的2.1%。在美国、意大利、英国、加拿大、德国和法国，内部融资占总融资的比例已超过50%，而外部融资已超过20%，而仅外部融资占比中，股权融资占比不到10%，债券融资已大大超过股权融资。因此，外国企业的融资顺序与融资优先理论基本一致。

2. 国内

在我国，企业的融资顺序与融资优序理论存在着巨大的差异，西南财经大学郭复初教授在他的著作《财务专论》中阐述了中国企业融资顺序的特点，他认为中国企业的融资多依赖于外部融资，内源融资所占比例基本不超过20%。我国许多会计学家如阎达五、黄少安等也在其论文著作中提到这一现象。据调查我国外源融资在企业融资结构中占比达到80%，内源融资的比重不到20%。而在外源融资中50%的资本来源于股权融资，并且随着我国经济和股票市场的发展，这一现象越发上升。据此可见在我国

① 张秋叶．浅谈中外企业融资顺序差异问题[J]. 中外企业家，2019(31)：44-45.

企业融资的顺序是：首先选择外源融资的股权，其次是债券，最后才是内源融资，这与西方的融资优序理论呈现了完全相反的方向。

（二）国内外融资顺序差异的原因分析

导致我国企业与外国企业融资顺序不同的原因有很多，比如国内经济发展情况不同等，下面笔者将对这些主要原因进行具体分析。

（1）就内源融资而言，内源融资不需要对外支付利息费用，所以融资成本趋近于零。相比于外源融资，内源融资可以降低被股权融资方式稀释企业控制权的可能性。所以外国企业较为倾向于内部融资，而在我国，由于企业的盈利能力较低，留存收益较少，并且企业为规避所得税会尽量减少且内部留存，所以当需要融资时，内部资本无法提供足够的金额，只能求助与外部融资。

（2）且在股权方面，股权代表着对企业的控制权，我国企业的股东一般将大部分的股权掌握在手里，所以发行新股并不会对大股东的控制权有影响。但在西方，大股东的股权占有率一般不超过25%，所以当企业在发行股票时，很可能会导致股权分散，企业不易控制，所以一般很少会选择股权融资这种方式。

（3）融资成本方面，我国企业很大一部分都不会分配股利，要分配也只是送股或转增，真正能分红的企业其实不多，所以我国企业在股权融资上的费用成本一般会低于债券融资费用。而在西方，市盈率低股权融资成本较高，如在美国股息率大概在5%左右，再加上发行时的费用，融资成本大概会在6%左右，这远远高于同期债券融资利率和银行借贷利率。且在西方公司注重分红派现，如果公司经营不好，则会有很大的压力。

（4）就债券融资而言，在我国，公司债券发行管理中的国家政策相对严格，有很多限制，市场规模小，流动性差，发展缓慢，总成本高，这也刺激了对股权融资的需求。而且，财务杠杆要求只有当资本的利润率高于资本的成本率时，才能享受避税的好处。企业还倾向于避免发行债券。在西方债券市场发展较为繁荣，且债务融资成本较低，这样抵税利益更容易实现，若企业发展良好，则债务利息抵税可以为企业创造出更多财富。

（三）优化我国融资方式的对策

从上述对比分析可以看出我国企业与外国企业融资顺序存在着较大的差别，而这种差别影响着我国企业的发展。过度倾向于外源融资的股权融资会导致企业运营效益低下，财务杠杆失衡。并且也扭曲了我国股票市场的作用，极其不利于我国股票市场的发展。所以应当采取一定的措施改善这种不合理现象。

（1）鉴于我国企业内部融资所占比例很小，我国企业应改变其固有的业务模式以增加其净利润。改善资本内部结构，增加留存收益的提取，合理规划企业内部税收筹划，适当降低企业税费，使企业不仅可以提高收入，而且可以积极扩大内部融资。增加内源融资的占比，以减少企业融资的花费。

（2）针对股票市场的圈钱运动，有关部门应当加强对股票市场的监管。股票市场对企业来说是必不可少的运营环节，所以有关部门应对股票的发行到利润分配都加强监管，提高资金的利用效率。并且提高企业股权再融资标准，使一些业绩相对较差的企业不能在证券交易市场上融资成功，这样既保证了资金的利用效率也保证投资者自身的利益。

（3）就我国企业控股权集中这一问题而言，企业应自觉完善公司治理结构。我国企业股东往往会集大权于一身，这也就导致企业筹资更倾向于成本和风险都较低的股权融资。为改变这一现象，企业应当自觉地优化内部股权结构，降低股东的股权占有率。

三、结合房地产企业所在的周期阶段，制定具有长远性的融资策略

通过研究发现多数企业是存在生命周期的，而房地产企业也不例外。因此在制定融资策略时，考虑到不同阶段房企所面临的环境、影响因素及所表现的特征不同，能够使所作的决策与企业实际发展状况相吻合，从而更具有长远性和可行性。

（一）当前经济形势下房地产企业的现状

1. 受前几年国际金融危机的影响

房地产面临的市场逐渐出现了各种房价增幅减缓等情况，甚至市场成交量还出现了下降的现象，并且流动资金也并不充足，在一定程度上阻碍了我国房地产行业的发展进步。其中，市场成交量出现下降的情况，主要就是由于我国对房地产市场加大了调控的力度，以及限购等政策，甚至还出台了抑制房产投资的政策措施，使得房地产市场成交量快速下降，大部分的购房者都选择继续观望的状态，消费者希望房价能够有所降低，使得房地产空置率不断上升，进而促使房地产市场成交量出现降低的情况。另外，房地产企业还面临着流动资金缺乏的情况，导致在全球金融危机因素的影响下，我国房地产商的资金大部分都在库存楼盘中，从而增加了企业资金周转的压力。在中小房地产企业中，这种现象表明得极为明显，成本不能有效收回，同时还有部分企业出现还贷困难的情况。

2. 国家新一轮宏观政策调控的制定

在全球金融危机因素的影响下，我国房地产相关部门为了更

好地缓解房地产市场交易量下降的情况，推动房地产企业的良性发展，有针对性地开展了相应的宏观调控政策。采用适当的扩大内需政策等措施，有效刺激房地产市场经济的发展，拉动内需。新的宏观政策调控措施，不仅仅解决了中低收入者住房困难的问题，还能够有效保障民生，鼓励居住性需求的增长，推动房地产市场的可持续发展。

3. 高新技术对房地产企业的影响日益明显

伴随大数据、人工智能、物联网等高新技术的不断完善，房地产产业的发展模式及衍生产业得到优化，使得各房地产企业对集地产产业、衍生服务产业及其配套设施产业于一体的新型地产经营模式更加重视，继而促使房地产市场再度激发经济活力，以缓解房地产企业对当前经济增长下行压力的应对。

4. 房地产企业对自身经济效益的要求提高

由于经济增长下行压力、行业市场经济环境不景气，房地产企业不仅仅要追求对自身运营成本的控制，同时还在对自身经济效益的提升途径进行探索。从房地产企业的内部发展而言，更多企业愿意选择追求自我价值的提升以及投资的可持续性。就自我价值提升而言，是指房地产企业需要寻求产业收入的多元化，通过现代的 PE 创投、地产衍生服务产业等途径，来拉开综合性的产业收入与支出差距，最终确保企业自身价值持续提升。就投资可持续性而言，是指房地产企业要深刻分析和立足当前经济环境，对地方与中央政府的政策优惠、政策补贴积极利用，同时通过多元化投融资的手段，实现地产产业投资的长期可持续发展，最终服务于我国社会住房保障及民生保障。

(二) 房地产企业融资特点

房地产企业要保持正常运转，需要投入大量的人财物。一方面，房地产企业的特征决定了房地产企业的融资特征，即引入大量融资，大量融资的过程不可避免地会影响市场状况和未来的发展前景。另一方面，国家出台了大量调控房地产企业融资的配套政策，也就是说，房地产企业的融资将受到国家调控政策的影响。简要分析，房地产企业融资具有以下的特点。

1. 房地产企业需要大量融资

房地产经营的对象是固定不动产。这也反映出房地产业务是典型的资本密集型业务。相应的投入资金量巨大，包括人力、物力和财力，这决定了房地产企业融资的最基本特征是需要大量融资。

2. 市场是房地产企业融资的关键因素

房地产企业的融资风险很高，主要有两个方面：一方面是房地产企业的经营能力；另一方面是房地产市场的现状和发展前景，房地产企业融资的关键因素是市场。目前，房地产企业的经营模式大多数都是销售型的经营模式，房地产市场的经营状况基本就决定着所有销售型房地产企业的经营业绩。从融资的方面来看，在房地产市场发展前景良好的情况下，即使有些房地产企业综合经营能力薄弱，也会很容易获得融资；相反，就会面临资金紧缺，引起工程计划临时搁浅，在建的工程项目甚至会停工。市场在房地产企业融资的过程中发挥了更大的影响力。

3. 国家调控政策影响着房地产企业融资

国家对房地产行业进行宏观调控、综合平衡最重要的手段就是房地产企业的融资政策。实现调控房地产行业的目标就是通过直接调节和控制房地产企业的融资，不管是房地产企业融资政策的直接调控，还是房地产企业相关政策的间接影响，国家调控政策都必然会影响着房地产企业的融资。这是房地产企业融资不可忽视的特点之一。

4. 房地产企业过于单一的融资抵押物

房地产企业的融资渠道主要是商业银行贷款，而贷款的抵押物主要集中在土地和房产上。房地产企业将土地使用权和在建工程等作为抵押，向银行融通资金，资金来源单一受限，成本高，风险大。

（三）房地产企业融资的现状及存在的问题

1. 房地产企业融资管理的封闭性和融资方式的单一

在房地产企业的融资管理中，如何使资金的使用效率提高，如何保持资金链的安全，这些因素都关系着房地产企业是否能够良性运营[①]。由于许多房地产企业是法人项目公司，因此贷款管理必须实行封闭式管理。以统一的方式分配资金并不容易，并且有大量无法使用的保证金。由此可见，平衡现金流和现金使用效率是房地产企业融资管理的核心问题。在目前看来，银行贷款融资基本上成了房地产企业选择的主要融资方式，这种融资方式虽然具有低成本、高效率的优点，但是银行对房地产企业前期的调查和评估也是十分全面的，审批流程复杂、时限长，通过调查评估显现房地产企业不符合银行相关的贷款规定，这种融资贷款银行将会做出限制。

2. 房地产企业融资成本高、风险大

在当前市场经济增速发展的情况下，房地产企业也形成了较大的融资压力，融资成本过高就是其中之一，主要表现在资金流较为紧张的房地产企业，贷款到期在授信额度内续贷阶段，将会承受来自银行体系外较高利率的融资压力，产生一些“过桥阶

① 吴先林 . 浅析房地产企业融资的困境及对策 [J]. 中国经贸，2018,（21）: 97-98.

段”的借款，支出较高的利息费用和财务费用，加大了房地产企业的融资成本。房地产企业对银行融资渠道过于依赖，国家对银行贷款政策的宏观调控，融资过程中支出的利息费用和财务费用造成了融资成本过高，这些因素都会给房地产企业的融资带来风险，造成不能及时补给房地产企业的后续资金，甚至补给不足，造成项目资金链断裂，使得房地产企业陷入财务困境，甚至破产倒闭。

3. 房地产企业内部管理薄弱，缺乏专业融资人才

一方面，大多数房地产企业属于中小型企业，往往跨地区开展项目运营，内部控制松懈，风险控制能力差，缺乏企业管理的风险防范意识，容易引起房地产企业信用风险。另一方面，房地产企业需要结合自身情况和项目规模来选择合适的融资方式和融资规模。在房地产企业中，这方面的融资缺乏专业人才。在融资之前，缺乏专业的评估和计算。内部管理薄弱环节严重影响房地产企业的融资能力。因此，造成房地产企业融资难的重要原因也就是房地产企业自身存在的问题。

（四）房地产企业融资因素分析

1. 房地产企业内部建设因素

很多房地产企业规模不大，缺乏完整的内部管理体系，在财务管理和经营管理方面更是不规范，这种不完善的制度建设，必然会带来管理方式的不科学，欠缺管理责任和约束机制，对外部经济环境的变化不能及时应变，容易导致经营困难，从而使房地产企业的融资能力降低。在房地产企业出现经营困难，需要融资来补给流动资金时，其到期偿债能力却经不起考评和审核，银行贷款困难。

2. 房地产企业融资缺乏政府政策支持

当前，随着市场经济的飞速发展，房地产企业融资的相关法律法规不完善，房地产市场调控政策多变。例如提前缴税、限制商品房销售价格、限制购买、提高贷款利率和一次性还款等政策，增加了房地产企业的资金周转率难度。

3. 房地产企业融资的外部环境

房地产企业的融资过程中，贷款担保的信用体系不健全，资产抵押环节多，手续繁杂，费用高，甚至缺少在资本市场直接融资的途径。在现阶段，房地产企业融资保护体系不健全，导致房地产企业的稳定发展受到了限制，融资风险也随之增加，房地产企业的风险和收益不均衡就有可能出现贷款的违规现象，不仅会增加房地产金融市场的风险，也给银行带来了不稳定因素。诸如这些问题的出现，还没有从根本上找到解决方案，尚须形成健全的房地产融资保护体系和金融市场服务体系。

（五）房地产企业长久性融资策略

1. 提高企业融资管理能力

房地产企业要适应高速发展的经济形势的变化，按照新的企业标准，加强自身各项制度的建设，发挥财务管理的作用，完善内部融资机制，调整融资结构，拓宽内部融资路径，扩展外部直接融资通道，提高经营效率，这样可以有效化解风险。当前房地产企业内部控制意识薄弱，制约了企业的融资能力，因此，房地产企业要加强内部控制管理，不断完善公司内部治理结构，通过企业自身制度的完善，提高企业盈利能力和融资管理能力，从而使企业有能力扩大融资来源，解决企业融资难的根本问题。

2. 适当放宽房地产企业融资的政策限制

房地产企业的健康发展离不开健全的法律体系，借鉴国外成熟的房地产市场法律约定，结合我国目前房地产市场的现实状况，我国现阶段房地产企业融资方面的法律法规应该不断完善，加强明确房地产企业融资的范围及违约后果的处置，进一步合理地约束房地产企业的融资行为，适时采取放宽调控政策，适当放松信贷规模的监管。由此可以看出，国家的政策导向对房地产企业的深远影响，同时也给房地产企业的融资带来了间接影响。

3. 培养房地产企业融资管理专业人才

房地产企业要想扩大融资渠道，提高融资能力，必须要有一批精通房地产金融方面的专业人才。市场经济越发达，对专业人才的需求也越大，要求也会越高。这就要求房地产企业要对现有员工进行定期、全面的业务知识培训，提高所有员工自身的综合素质，适应市场变化对人才的需求，综合提高企业自身的核心竞争力，为房地产企业在市场中的快速发展争取主动权。

目前，房地产企业融资仍然存在很多问题和困难，与市场经济的发展存在不相适应的问题显而易见，我们只要从科学、理性的角度来分析当前存在的问题和困难，不断加强房地产企业金融市场的宏观调控，实行对房地产行业的有效管理，完善房地产企业配套的法律法规，适时采取适应各类大小规模、工期长短，更合适的融资方式，从不同角度、不同层次规范融资行为，就能摆脱依赖银行信贷单一的融资格局，拓宽多元化扩展融资渠道，逐步解决现实中存在的问题和困难，保证市场经济发展环境健康优良，使融资行为更加规范严谨，从而实现房地产企业的壮大和长久发展。

第四章　房地产项目生命周期融资方式与策略研究

第一节　房地产项目生命周期不同阶段融资方式的选择

一、存货科目

(一) 土地前期融资

在房地产开发前期，获取土地证后的前期融资。

相关监管此前一直要求土地竞拍者承诺使用合规自有资金。银行贷款、信托、保险明确不得用于缴付土地保证金、定金及后续土地出让款，但绕开直接贷款，券商资管和信托等通道，变相为土地交易融资的做法屡禁不止。

开发商土地融资有四种方式：股权融资、债权融资、明股实债、股 + 债。纯粹股权直投最少，因为开发商很少真的愿意让渡自己的股权；债权融资中，委托贷款当前已无法操作；目前最难监管，且实践最多的，是明股实债和股 + 债。

但对于大房企而言，不到万不得已不会真正让渡出项目股权，就是要联合拿地开发，也会联合其他房地产企业。

债权融资模式中，因为基金子公司或者券商资管没有发放贷款的资质，所以一般是通过购买债权收益权 (母公司对项目公司借款) 。

(二) 房地产开发贷款

房地产企业在获得“四证 (国有土地使用证、建设用地规划许可证、建设工程规划许可证、建设施工许可证）”之后，可以向商业银行申请项目贷款，通常银行的风险控制需要以项目土地进行抵押，融资额在土地价值的60%左右。这种类型的融资，虽然也是采取以项目公司进行融资的形式，但是从风险控制的角度，由于主要还是依靠抵押物的变现，因此对于项目公司运营的涉入很少。属于形式上是项目融资而实质上是资产融资的类型。

房地产企业获得贷款后，用于项目建设，在建设过程中通过延期支付材料款和工程款项，占用资金。这是一种融资，也是属于一种主体融资类型。在施工进度到一定阶段，满足一定条件后，项目可以获得预售证，可以进行预售。预售也就是将还款建好的房子提前销售给顾客，获得房款，顾客通常要等一到两年，才能够获得房产证。顾客交付购房款之后，获得房产证之前的这段时间，为地产企业提供了无息的融资。这种融资没有任何资产进行抵押，顾客也没有任何权力对于项目公司进行监督管理，属于主体融资。顾客承担了较大的风险，经常有地产企业跑路，购房客受害的新闻。

二、应收账款科目

（一）房地产应收账款融资

房地产开发后期，项目预售，但未全部收回资金的融资。

应收账款融资是指通过应收账款的贴现、抵借、让售、证券化等方式来筹集短期资金的一种筹资行为。

1. 应收账款贴现

应收账款贴现是指企业在应收票据到期前，如急需资金，可以将有关商业汇票背书，向银行或其他金融机构申请贴现。贴现，是指企业将未到期的票据转让给银行，由银行按一定利率从

票据到期值扣除自贴现期到票据到期日利息后，将余额付给企业的融资行为，是企业与贴现银行之间就票据所有权进行的一种转让。票据贴现包括有追索权票据贴现和无追索权票据贴现两种。有追索权票据贴现指在出票人或付款人到期不能兑付时，背书人负有连带的付款责任；无追索权票据贴现指在出票人或付款人不论是否兑付，该票据与贴现企业均无关系。一般前者贴现利息要低于后者，我国票据贴现一般采用有追索权票据贴现。

2. 应收账款抵借

应收账款抵借是指企业以应收账款作抵押向金融机构预先取得贷款。提供应收账款抵押贷款的金融机构一般为商业银行或大规模的财务公司，贷款数额占抵押账面价值的比例大小取决于应收账款的质量和数额。所谓“质量”，是指所提供的应收账款清单中欠款企业信用品质的高低。欠款企业的信用品质高，企业应收账款质量就高，金融机构同意对指定应收账款账面价值贷款的百分比也越高。根据符合接受条件应收账款的质量，金融机构一般接受应收账款账面价值的50%～80%放贷。所谓“数额”，是指每笔应收款的平均金额，应收账款的平均规模越小，处理每元贷款花费的成本越多。因此，持有小规模应收账款的企业，即使应收账款质量高，也难以获得融资。为了降低单独检查每笔应收账款以决定是否接受的成本，可以采用“批量的”应收账款抵押，在这一抵押方式下，贷款人不记录每笔账款而只记录账款总额和已收到的付款。“批量的”应收账款抵押舞弊概率高，所以贷款一般只占账面价值的25%。应收账款抵押对债务有追索权和应收账款置留权，若发生坏账损失由借款人承担，这是一种弹性强的抵押融资方式，随着应收账款的积累，可以使企业获得额外资金。这是一种积累融资，也是一种“持续的融资方式”。

3. 应收账款让售

应收账款让售，是指企业通过向金融机构出售自己拥有的应收账款，来筹措资金的一种筹资方式。出售应收账款有两种情况。一是无追索权让售，即应收账款购买方（金融机构）要承担应收账款的风险，也即承担应收账款的坏账损失，而出售方则承担销售折扣、售折让或销售退回的损失。因此，金融机构在购买应收账款时，一般会按一定比例预留一部分余额，以抵消应由卖方承担的销售折扣，补贴收益损失，然后在实际销售时予以抵销折扣。二是卖方有权追索让售，即卖方的企业应承担向买方即金融机构付款的责任。出租销售应收账款的坏账损失，由卖方企业承担。

4. 应收账款证券化

应收账款证券化是一种资产证券化。这是一个融资过程，在此过程中，企业将通过特定的组织结构和结构设计来改善其信用状况，并在贸易或服务产生的应收款的支持下向投资者发行具有较高信用级别的证券。

应收账款证券化拓宽了企业的融资渠道，有效地利用了未收回的应收账款为企业融资，提高了资产的流动性和变现能力，改善了企业的财务结构。从其运作过程可以看出，应收账款证券化融资实质上是企业的应收账款与货币资金的置换[①]。企业的负债和所有者权益没有数量上的变化，只有形式和结构上的变化，可以保证原始债务率和财务杠杆率，从根本上改变企业传统融资的风险结构和收入结构，为企业的再融资提供了便利。应收账款证券化还能有效地降低融资费用。

① 阎大颖．公司金融学第 2 版 [M]. 厦门：厦门大学出版社，2014.

(二) 尾款融资

应收账款融资的进一步演化——尾款融资，房地产预售后，只有预收账款，没有应收账款，但由于预售合同产生了应收的权力，因此基于表外的“应收”——尾款收益权，进行尾款融资。

在2018年，由于政策对于地产企业发行债券进行融资收紧，很多地产企业，采取了购房尾款的创新方式进行融资。

购房尾款ABS的基础资产客户购买房屋交付首付款后，还剩下的尾款，通常要等银行按揭贷款到位后才能缴纳。地产企业将这些尾款打包发行ABS，获得资金。由于我国的预售制度，这些尾款并不是地产企业的资产，因此购房尾款ABS是一种类型的主体融资，从风险角度分析本质上是地产企业发行的信用债券。

三、长期股权投资科目

并购贷款是股权交易过程中的融资。纵观近两年房地产并购市场的特点我们可以分析市场并购业务特点大体为这几点：收并购区域的集群效应继续加大，在成本与规模中徘徊前进，提高项目收并购条件，多元化拓展和储备项目。整年的地产发展动向大致可以总结成：政策频发，融资艰难，抱团发展，强者恒强，曲线“救国”。

房地产并购贷款模式有如下两种。

(一) 企业发债

作为国资新的房地产公司，有良好的资金流，资金来源更加便宜，比如信达地产发行过30亿元的中期票据，30亿元公开发行公司债券和80亿元非公开发行公司债券，票面利息不到6%。另外华侨城、招商蛇口、电建地产鲁能集团、葛洲坝、保利、中铁、中冶等央企共制造出 15 幅地王。它们是公司发债的领头兵。

(二) 资产证券化

从 2018 年初开始，碧桂园、世茂房产、华夏幸福华侨城等规模化企业就加速进入以 ABS 式提前融资套现试水，融资成本在 5% ~ 6%之间，融资规模有的高达百亿。

四、投资性房地产科目

(一) 经营性物业

经营性物业分商业经营性物业和工业经营性物业。

商业经营性物业是指已竣工验收并投入商业运营，经营管理比较规范、经营利润较为稳定、现金流较为充裕、综合收益较好的商业营业用房和办公用房。包括商场、商品交易市场写字楼、星级宾馆酒店、综合商业设施等。

工业经营性物业是指建设于土地性质为出让、规划用途为工业用地的土地之上，用于出租的标准工业厂房及相关配套设施(暂不介入)。

(二) 经营性物业抵押贷款

1. 概念

经营性物业抵押贷款是指银行向具有合法承贷主体资格的经营性物业所有权人发放的，以其所拥有的物业作为贷款抵押物，并以该物业的经营收入进行还本付息的贷款。

2. 适用对象

(1) 取得房地产证;

(2) 目前正在进行合法经营;

(3) 具有稳定的现金流入;

(4) 大部分带租约，且部分租期较长;

(5) 对其拥有的经营性物业具有独立的处置权。

3. 注意事项

一些物业产权与经营权相分离，此类物业在贷款操作上有两种模式，一是产权人承贷，二是经营人承贷。如中国农业银行目前只接受以产权人承贷的形式，且产权人和经营人均同意接受农业银行对物业收入的封闭监管、承诺以经营收入作为贷款本息的还款来源。经营人承贷不属于经营性物业抵押贷款的范畴。

第二节　基于生命周期理论的房地产融资策略探讨

一、选择融资策略应遵循风险反向搭配的原则

房地产企业面临的理财风险主要包括因企业在经营过程中环境不确定性导致的经营风险和因在筹资过程中导致不确定未来财务成果的财务风险。总的来说，经营风险是任何企业在生产经营过程中都避免不了的固有风险，而财务风险是在企业运用财务杠杆时产生的除经营风险外的风险。这两种风险共同决定了企业的总风险。从逻辑上来说，这两种风险存在四种结合方式。

(一) 高经营风险搭配高财务风险

这种搭配方式具有较高的总体风险，比如刚刚成立的公司通过借款取得大量资金，它破产的可能性会很大。这种搭配更适合风险投资人的要求，因为他们只需要投资较少的股权资本即可开展冒险活动。一旦成功可能会获得很高的回报。如果失败只会损失少量的股本。由于风险投资已经考虑了失败的概率且通过系列的风险投资组合去分散风险，因此他们可以承受投资项目失败的后果。

但是这种搭配不能满足债权人的要求，因为债权人已经投入了大部分资金，使企业承担了很大的风险。如果他们成功了，他们只能基于利息获得有限的回报，其中大部分属于股权投资者。如果他们失败了，他们将无法恢复本金。因此，实际上，由于找不到债权人，可能无法实现这种搭配。

（二）高经营风险搭配低财务风险

这种搭配具有中等程度的总体风险。这种资本结构对于权益投资者有较高的风险，也会有较高的预期报酬，因此符合他们的要求。权益资本主要是由专门从事高风险投资的专业投资机构提供的。他们运用投资组合在总体上获得很高的回报，不计较个别项目的完全失败。对于债权人来说，这种资本结构的风险相对较小，不超过债务清算资产的价值，债权人一般是可以接受的。因此，这种搭配是可以同时满足股东和债权人期望的现实配置。

在这里必须注意的是，权益筹资对于投资人来说风险大，而对于企业来说风险小。企业没有偿还权益投资的法定义务，可以给股东分红也可以不分红，有很大的弹性。分红多少可以视企业现金流的情况而定，是一种酌量成本。债务筹资对于债权人来说风险小，而对于企业来说风险大。企业必须按合同约定偿还债务本金，是一种固定成本。因此，由于权益筹资具有还款的灵活性，股利支付可以适当改变经营状况，因此经营风险较高的企业现金流量不稳定，管理者愿意选择权益资本。

（三）低经营风险搭配高财务风险

这种搭配具有中等的总体风险。这种资本结构对于权益投资人来说经营风险低，投资资本回报率也低。如果不提高财务风险，财务报酬率也会比较低。而权益投资人希望“利用别人的钱来赚钱”，愿意提高负债比率，因此可以接受这种搭配。对于债权人来说，经营风险低的企业有稳定的经营现金流入，可以为偿还债务提供保障，因此可以提供较多的贷款。

因此，这种搭配也是同时符合股东和债权人期望的现实搭配。

(四) 低经营风险搭配低财务风险

这种搭配具有很低的总体风险。对于债权人来说，这是一个理想的资本结构，可以放心地提供贷款，因为企业的现金流量稳定，债务额不多，偿还债务有更好的保证。对于权益投资者而言，很难确定这种搭配，因为投资资本和财务杠杆的回报率很低，自然权益的回报率也不会很高。还存在另一个问题，存在这种资本结构的企业是理想的收购目标，因为这种企业被收购后，不必改变其经营战略，只要改变财务策略就可以增加企业价值，只有不明智的管理者才会选择这种搭配。

因此，这种搭配不符合权益投资者的期望，是一种不现实的搭配。

综上所述，只有这两种风险反向搭配才是制定资本结构的战略性原则。由于企业在不同发展阶段面临不同的经营风险，我们在制定相应策略时应遵循反向搭配原则。

二、初创期房地产的融资策略

(一) 初创期房地产企业风险分析

1. 初创期的信息风险

在企业的初创阶段，资金对企业的生存至关重要，对于房地产企业更是如此。房地产企业在成立阶段需要部分启动资金用于获取土地使用权、项目开发及垫支开发费用等。由于创业者和投资者信息不对称的原因，投资者通常依据企业传递的信息来做出是否投资的判断。但是由于企业刚刚成立，能够提供的经营信息几乎很少，因此信息风险比较大。而且由于刚建立的房地产企业规模相对比较小，在短时间内很难建立有效的信息传递系统，这使得信息的透明度不高。因此由于这种信息风险在初创期较高，投资者在作投资时会考虑这种风险从而使预期的收益率降低，就会出现放弃投资的可能。同时对于金融机构来说，由于无法判定刚成立房企的信用状况及不了解房企的资质等级等原因，使得房企贷款融资的可能性很小。

2. 初创期的经营风险

房地产企业在土地的取得、建筑施工以及后期的建设管理都需要企业筹集大量的资金来保证房地产开发项目的顺利进行。而此时房地产企业尚未在市场中站稳脚跟，没有较强的竞争优势，整体规模也相应较小，因此，房地产企业在初创期的盈利水平相对较弱。同时由于该阶段的房地产企业资金不雄厚也没有丰富的土地储备，项目开发能否顺利进行都还是未知数以及企业未来现金流量的不确定性等因素，都使得房企面临非常高的经营风险。

（二）所选择的融资策略

由于初创期房企的经营风险非常高，根据风险反向搭配原理，我们应该选择低财务风险的融资策略。地产企业在初创期与银行打交道的次数过少，金融机构并不了解房企的信用状况，而房企在这一阶段持续经营能力不强，仍然存在项目开发不顺利而造成破产的可能性，这些情况使得信贷融资变得非常困难。此外，地产企业选取负债融资主要是为了获得财务杠杆带来正的收益，由于房地产企业在刚成立阶段盈利很少甚至为负，几乎达不到利用负债进行避税的效果。同时地产企业信息披露尚不充分、评估价值的难度也很大，很难达到上市规模，因此利用发行股票筹资也是不符合条件的。

因此在初创期选择利用内源融资为主，同时辅助风险投资的融资策略。此外，尽可能取得银行信贷，通过与银行之间的联系沟通不断积累经验，为今后采用信贷融资提供便利。

1. 以内源融资为主

在房企的初创期，企业所需的资金主要依靠内源融资及企业自筹的资金。采用内源融资对房企来说非常有利的，首先，通过地产企业内部的融资和自筹资金无须在到期时间内归还本金及利息，因此可以帮助企业保持自主的现金流，能够缓解地产企业目前资金不足的状况。其次，该种融资方式是从企业内部获得资金，因此无须支付融资费用，从而相应的资本成本也低于债务和股权融资。再次，内源融资比较便利，不必经过严格审批且不受外部因素的影响。最后，这种融资方式既不会产生像债务融资那样财务风险高的问题，也不会产生股权融资造成控制权稀释的问题。

但是对于房企而言，企业要进行地产项目的开发、大规模的建设，只靠企业的内部融资数量是远远不够的，必然还存在非常大的资金缺口。这便要求以风险投资和天使投资作为辅助融资方式。

2. 以风险投资为辅

风险投资按照美国全美风险投资协会的定义，风险投资是由职业金融家投入到新兴的、迅速发展的、有巨大竞争力企业中的一种权益资本[①]。一般来说在初创期房企所面临的巨大风险，是一般投资者所不能承担的。但是风险投资与一般投资相比，具有不

① 陈晓红等．中小企业融资创新与信用担保 [M]. 北京：中国人民大学出版社，2003.

同的特点：

（1）选择的投资对象都是周期较长、风险较大及资本收益高的项目。风险投资者认为高风险高收益，既然企业在初创期风险较高，如果选择了具有成长前景的项目进行投资，便会很快地获得较高的资本收益。

（2）通常刚成立的房企未来发展前景无法确定且面临着较高的信息风险、经营风险等，这对于一般投资者来说，是违背投资原则的。但是对于风险投资者，他们却认为正是这些风险因素说明投资项目存在获得高额利润的可能性，只要选取的投资项目具有发展前景，那么该项目的未来盈利能力就会呈现高额增长态势。

（3）通常风险投资者通过投资组合来分散投资风险，从而使亏损项目的风险由盈利项目的利润补偿，从整体上而言始终处于高盈利状态。

（4）风险投资最终的目的是获得超额回报，如果投资的项目获得成功从而使企业增值，他们则会选择撤出资本，并利用这些资金投入到其他有发展前景的企业。

因此，房地产企业在刚成立初期，应对房地产开发项目进行一系列的调查分析，如该项目的市场前景、盈利情况等，同时将信息及时传递给风险投资者，以便吸引其进行投资。

三、成长期房地产的融资策略

（一）成长期房地产企业风险分析

1. 成长期的信息风险

在该阶段，房地产企业成立的时间与初创阶段相比较长，因此企业内部的业务记录如销售状况、经营业绩及项目构建情况等都较为完善，而且随着业务的扩张，对财务会计记录和信息传递系统的完善有了更高的要求，以便能够以更高的信息透明度向外部投资者传递更有用的信息。该阶段的信息风险相比于初创期有所下降，但是房地产企业内部的财务制度和内部控制仍有待完善，在该阶段应更注重财务管理建设。

2. 成长期的经营风险

进入成长期后，随着房产量的增大，产品或服务成功进入市场且被市场接受，开始在市场中打响知名度，销售数量也开始迅速增长，这时企业的经营风险有所下降，主要是从企业整体而言不确定性在降低。但是经营风险仍维持在较高水平，原因是企业间的竞争变得激烈了，企业的未来现金流量仍存在不确定性。

在合理的利润率水平下产品应该有更高的销量，才能产生比初始阶段更多的现金流量，因此，房地产企业会大力投资楼盘项目以扩大市场份额。此时企业未来的经济增长前景对于投资者而言会有较大的吸引力。但是必须注意到企业在这一阶段容易产生盲目扩张、导致多头投资的问题，因为成长期的企业目前的任务就是利用筹集的资金和企业的资本积累来扩大生产规模、在相应的市场领域取得领先地位，这便有可能使企业忽视了自身核心竞争力的培养，盲目地进行扩张，从而导致企业处于危险的境地。

（二）所选择的融资策略

随着房地产楼盘销售量的增加，房地产企业迅速在市场中占据一席之地，而当风险投资者获得了投资项目成功得到的高利润回报后，会逐步撤出该项目着手新的有前景的计划。所以，房地产企业需要考虑利用其他资金来源来替代风险资本，为房企未来的发展储蓄资本。通过上面的风险分析我们发现在该阶段房地产企业的经营风险虽有所下降但仍然较高，所以我们应该选择财务风险较低的搭配方式。所以在该阶段我们选择以股权融资为主债务融资为辅的模式。

1. 以股权融资为主

由于较高的经营风险决定了房地产企业在成长期采用以股权融资为主的模式，此时的房地产企业销售楼盘数量增加，企业盈利水平逐步升高。部分房地产企业已经达到上市资格，因此争取企业能够利用上市融资，这样才能真正提升企业的价值和品牌形象。

处于该阶段的房企选择将股权融资作为重点，原因是其本身具有独特的优势：

（1）利用股权融资不用到期还本付息，因此能够维持企业的长远发展；此外没有严格标准规定要支付固定股利，企业可根据自身情况自主选择股利支付方式，这样受经营波动的影响较少。

（2）采用股权融资虽然资本成本较高，但是所能获得的预期收益也较高，这便在某种程度上抵消了因通货膨胀而造成的损失。而且该融资方式能够提升企业的知名度，对企业价值的增加有重大影响作用。由于此时的房企随着产销量的增加，企业实力进一步扩张，使得外部融资变得相对比较便利。根据房地产企业成长期的特点和我国资本市场的现状，在该阶段可以选择利用“壳”资源融资及积极的争取上市融资。

虽然企业在该阶段获得盈利且自身价值得到快速提高，但多数企业由于上市资格的严格审批而无法直接上市进行融资，这便产生了利用壳资源来实现间接上市，达到进入资本市场的目的。壳公司在国际市场上通常被定义为：在证券市场上，它们具有或保持上市资格，但相对而言，业务规模小，不稳定或趋于停止，其业绩一般或基本没有表现，还会亏损，总资本和流动资本很小或交易终止，股票价格的绝对值很低。买壳上市是指没有达到上市资格的企业，以收购或兼并壳公司的方式，将壳公司的部分资产剥离并注入企业的新资产，从而使企业符合上市资格实现间接上市。因此房企应当努力抓住资本市场的机会，利用买壳方式进行资金筹集，尽量争取上市，提高房企的知名度。

2. 以债务融资为辅

由于房企的资质水平大大提高，信用等级也随之升高，因此与银行的联系日益紧密，可以选择利用信贷融资方式。此阶段的房企拥有显著的经营成效，信贷记录也逐步丰富，因此，房地产企业除了利用股权筹资外，还可以利用商业信用和银行信贷等筹集短期资金来作为辅助。此外，还可以选择利用夹层融资的方式，因为该方式能够相应地回避相关政策，解决某些成长型企业"四证"齐全之前燃眉之急的融资问题。

此外，由于房地产信托和房地产基金的大量介入，房地产企业有机会与国际型投资机构接洽，引进国外资本；机会成熟情况下，发行企业债券，进行债权融资。对于处在成长期急需资金补入，公司运营顺畅的情况而言，信托有着广阔的发展空间。因此，成长期的房企应以争取上市融资为主，积极需求信托机构合作，以及继续加强与银行的合作。

四、成熟期房地产的融资策略

（一）成熟期房地产企业风险分析

1. 成熟期的信息风险

伴随着房企进入到成熟期，企业内部的财务制度逐步健全、信息披露系统较为完善，因此其披露的能力也较高，使得信息较为透明。此时外部投资者可以通过各种渠道获得房企的经营财务信息，通过这些信息能有效帮助其做出正确的投资决策，因此该阶段的信息风险相对比较小。

2. 成熟期的经营风险

成熟期房企的经营风险进一步的降低，达到了中等水平，这是因为在初创期和成长期的高风险因素已经消失，销售额、市场份额和盈利水平比较稳定，现金流量也变得比较容易预测。进入成熟期，房企的获利能力不断增强，能够获得稳定的现金流，因此企业偿还债务的能力得到了保障，甚至还可能出现富余的资金。此时企业的风险关键在于能否维持这种稳定成熟的阶段及企业能否保持巨大的市场份额。

（二）所选择的融资策略

在该阶段房地产企业的发展已基本稳定，楼房销售及相关服务都保持在较高的水平。这时房地产企业正逐步向实现规模化和集团化的方向发展。此时的房地产企业已经步入正轨，能够满足市场的需求来开发新楼盘，同时企业达到了较高的盈利水平。此时的房企能够产生稳定的现金流量，而且由于此时的经营风险较低，因此可以选择负债率较高的融资方式，这样能够有效发挥财务杠杆的作用。因此成熟期的房企可以选择以债务融资为主，股权融资为辅的模式。

1. 以债务融资为主，股权融资为辅

进入成熟期后，房地产的融资渠道彻底打开，该阶段的房企具有了成熟高效的土地储备能力且拥有丰富的项目运作经验，其资质等级和信用等级都达到最高，而且在逐步形成自身的品牌，因此此时很容易获得银行贷款。而且随着房企的不断成熟，已经符合发行债券的要求，因此发行债券融资也成为现实。适当的债务融资可以优化资本结构并提高企业价值。借鉴国外大型房地产企业的成功经营经验，成熟期中国房地产企业的融资策略主要是银行信贷，公司债券发行，调整资本结构，通过运用促进企业进一步发展。发挥财务杠杆的作用，积极提高上市融资实力，通过配股发行新股增加融资额，为海外融资业务寻找机会。加强与世界的信托与基金之间的合作和联系将在财务上支持企业的集体化和多元化战略。

2. 进行土地并购策略

资金和土地属于房企的两大命脉，因此在考虑房企融资策略时，除了考虑所能筹集的资金外还要关注房地产企业土地的储存量。国家出台的相关土地政策，主要是出让方式发生了改变，由协议方式转变为招拍挂方式。由于政府垄断了土地市场，且随着土地资源的有限，造成房企拿地困难。多数房企是由于筹集不到获取土地所需的大量资金而无法进行楼盘开发。因此，能否获得足量的土地资源直接决定了房地产企业今后的发展前景。

对于实力较强的房地产企业来说，会考虑利用多种渠道获得土地资源，因为多种方式能够降低土地获取成本。而一些小型房企却拥有丰富的土地储备量，但是由于资质等级较低而缺乏能力开发或经营不善。这样的话这些小型房企因为闲置土地要向政府上缴大量土地闲置费甚至土地可能被收回，因此它们会选择将土地使用权转让。而在政府出台的18号文件中指出“支持具有资信和品牌优势的房地产企业通过兼并、收购和重组，形成大型企业和企业集团”。因此这便在实力较强的房企与小型房企之间可能有时机进行土地并购策略。

进行土地并购，一方面能够使土地资源集中到实力强、资质水平高的房企手中，从而更能实现土地资源的有效利用，使得房企开发水平较高的项目；另一方面因失去土地资源的小型房企会逐步退出市场，从而使房地产行业竞争力不断增强且市场集中度更高。在成熟期提出了土地并购策略，主要是基于以下考虑：

（1）要进行土地并购，房地产企业必须要拥有雄厚的股权资金及较高的经营管理水平。此外，要进行并购，房企的整合能力要求较高，由于不同房企之间的企业文化、经营模式及相关开发项目定位方面都存在很大差别，因此在并购过程中，并购企业能否有足够的实力将被并购房企的相关内容进行整合并发展成自身具有特色的项目，将直接决定所采用的并购策略成功与否。而只有在成熟阶段房地产才拥有足够的经验和雄厚实力来实现这一策略。

（2）房地产企业通过土地并购策略，使得可开发的土地资源增多且能够以低成本的优势迅速占领市场，企业的发展空间逐步变大且容易提升品牌形象。在此次并购当中，最终是使融资效果相同，因此房企不能完全使用现金支付的方式。通常最常用的是使用换股收购的方式。而处在成熟阶段的房企资本市场融资能力较强，因此，可以利用发行债券、增发股份或换股的方式实现该并购策略。

五、衰退期房地产的融资策略

（一）衰退期房地产企业的风险分析

衰退期的企业财务状况不断恶化，对企业的整体形象产生了不利影响，因此企业应当采取防御措施来尽可能地获取最后的现金流。由于此时企业产生的现金流量不足以满足企业的正常生产经营，企业的负债率将开始上升，企业面临更高的财务风险。此时，操作风险将进一步降低，主要的悬念是企业何时完全退出市场。

此时的资金流向已经发生错位，将较多的资金花费在维持企业正常运营上。

（二）所选择的融资策略

房地产企业进入衰退期后实力逐步减弱，主要表现在土地储备能力逐步降低、信用等级开始减弱、没有实质性的开发项目等，这些都逐步导致房地产企业形象和名誉度的降低。对于实力已经大大减弱的房企，应当将资产进行重组配置来保持衰退期企业所拥有的资源。可以选择盘活企业内部的资产来加速变现闲置资产等实现结构优化，同时利用及时地回收应收账款等方式来保证企业的正常运行。此时房企在今后阶段继续融资进行项目开发的可能性已经很低，如果还没有达到破产的境地，可以尝试利用业务转型来渡过困难境地。房企可以将业务方向放在有发展前景的产业，通过努力运作来不断积累所需的资金，在另一产业中获得新活力。

此时，该阶段的房企融资策略为：

1. 银行短期信贷

银行短期信贷是指借贷期限不超过1年的借贷活动。

短期信贷按当事人来分，可分为银行对银行的信贷和银行对非银行（如公司、企业、政府机构等）的信贷。

银行与银行之间的信贷又称为银行同业拆放，它在整个短期信贷中占主导地位。在国际金融市场上，一笔资金从非银行客户那里吸收而来，到把其贷放给最后用款人之前，往往要经过多次的银行同业拆放[①]。银行同业拆放的期限以1天至6个月的居多，超过6个月的较少；每笔贷款交易额较大，至少为10万美元。这种银行间的交易一般称为批发业务。

① 李政丹．国际金融教程[M]．北京：中国金融出版社，2010.

银行对非银行客户的信贷虽不占主要地位，但银行相互间的贷款最终总是要变成银行对非银行客户的贷款。

短期信贷的特点是:

(1) 期限短

大多数贷款的期限为1天、7天、30天、90天，少数为半年，最长期限不超过1年。

(2) 手续简便

短期信贷活动主要凭借款人的信用来进行，借款人无须缴纳抵押品，借贷双方一般也不用贷款协议，通过电话或电传就能达成交易，所以手续十分简便。

(3) 批发性质

短期信贷的金额都比较大，通常的交易为100万美元，1000万美元以上的交易也不少见。

(4) 灵活方便

短期信贷的借款期限、币种、借贷地点及贷款用途都有自行选择的余地。期限一般由借款人自己决定，可长可短；借款币种可根据支付需要、成本高低自由选择；短期信贷不限定用途，借款人可用于各种用途。

(5) 信贷利率随行就市

短期信贷利率受供求关系和借款人资信高低的影响，随时浮动。

目前各国政府筹措的贷款利率一般都是以伦敦银行同业拆放利率为基础再加半厘所以采用固定利率，并实行利息先付的方法，也称为贴现法。

衰退期房地产企业所能选择的融资较少，可以通过银行短期信贷来暂时缓解房地产企业目前现状，虽然这样可能造成房地产企业财务风险加大并有可能加速企业的破产速度，但是衰退期的低经营风险能够抵消部分此风险。

2. 风险投资基金

风险投资基金又叫创业基金，是当今世界上广泛流行的一种新型投资机构。它以一定的方式吸收机构和个人的资金，投向于那些不具备上市资格的中小企业和新兴企业，尤其是高新技术企业[①]。

风险投资基金不需要风险企业的资产抵押担保，手续相对简单。其经营方针是在高风险中追求高利润。风险投资基金大多以股份形式参与投资，目的是帮助被投资企业尽快成熟，获得上市资格，从而增加资本价值。公司股票上市后，风险投资基金可以转让证券市场中的股权并收回资金，并继续投资于其他风险企业。

如果房企要进行业务转型，就可以寻求风险投资商筹集资金，摆脱衰退期面临破产的局面，进入一个新的生命周期。

第三节　房地产开发企业不同生命周期阶段的融资工具组合

在新的环境协作治理结构的构建中，环境治理主体的多样化将成为其最重要的特征。政府是唯一承担环境治理责任的时代将逐渐消失。非政府组织和其他社会力量正在逐步兴起和发展，并开始在环境治理中发挥越来越重要的作用。在这种模式下，环境

① 王贵水．你一定要懂的经济学知识[M]．北京：北京工业大学出版社，2015.

治理是一个由政府、非政府组织，企业和个人公民组成的参与者体系。

一、融资工具组合的概念及操作步骤

(一) 融资工具组合的概念

房地产企业融资工具的结合，是指房地产企业在综合衡量金融市场和自身条件的前提下，对各种可用融资工具进行全面、详细的评估、筛选和组合，以达到融资目的。在确定融资策略时。对于房地产企业而言，资金的巨大需求和单一融资方式的局限性将不可避免地促使房地产企业采用多种融资方式。但是，融资工具的组合并不是各种融资工具的简单叠加，而是在综合分析各种融资工具的可操作性之后，以企业的生命周期以及相应的财务特征为依据。根据自身的发展状况和融资能力进行合理的融资组合。

尽管从理论上讲各种融资工具都可能成为房地产企业融资策略的重要组成部分，但根据中国房地产金融市场的具体情况，并考虑融资金额、融资成本、融资有效性和实际可操作性，还是选择了信贷融资、上市融资、房地产债券融资、房地产信托、房地产基金和天使投资基础作为融资工具组合的主要组成部分，与房地产企业生命周期相结合，确定了融资工具组合。

(二) 我国房地产开发企业融资工具组合的操作步骤

1. 确定房地产企业生命周期

借助 AHP 理论，对决定企业生命周期的各个影响因素进行综合评价，建立数学模型，最终确定出房企所处的生命周期阶段。

2. 确定应采用的融资策略

根据第一步所计算结果，分析其财务状况和市场状况，从而确定应采用的融资策略。

3. 筛选出适宜的融资工具

当前可供房企选择的融资工具种类较多，因此必须先进行判别和评价，选择出真正具有实际操作性的融资工具。在上述分析的融资工具中，选择银行信贷、上市融资、债券融资、房地产信托、房地产基金、天使投资基金等作为主要融资工具，其他所述工具作为必要补充。

4. 进行组合

根据所选择的融资工具，对所选择的融资工具进行组合，在这些融资工具中，同样存在主要融资工具和补充融资工具，两者依据在融资工具组合中的作用来确定。

5. 对融资工具组合进行财务分析及风险评价

一个有效的融资工具组合，必须同时满足财务分析可行和风险较低两个条件，这样才真正具有现实操作性。

二、我国房企不同生命周期阶段的融资工具组合

(一) 我国房地产开发企业新生期的融资工具组合

房地产企业获得正式批准和注册后，将进入企业发展的第一阶段——新生期，这是一个探索、学习和生存的时期。新生期需要一定数量的启动资金 (由企业规模和项目规模决定)，用于购买或租赁工作场所，办公设施，人员工资，管理费用以及以后用于项目开发和使用的资金。这个阶段，房地产企业没有足够的资本、土地储备、成熟的房地产开发和企业管理经验。房地产企业应当根据市场需求，开发流行产品，提高知名度和美誉度；在销

售方面，要及时出售房地产，迅速收款；在管理方面，要合理分配人员、财力、物力等各种资源，提高效率，降低成本。

新生期房地产企业财务管理的特点是经营风险高，现金流量高负值，经营风险高的财务风险匹配度低。非金融特征主要体现在企业资质水平和土地储备能力低下，与银行的关系还比较新，信用等级没有或只有较低。同时，当前相关政策的制约使得传统融资方式的银行信贷融资方式变得极为困难。因此，房地产企业应最大限度地利用权益资金而非债务资金，吸引机构风险投资者是非常重要的融资内容。

由于此阶段房地产企业面临的风险非常大，这是一般风险投资者无法接受的。更重要的是，机构风险投资者通常不会直接干预企业的生产经营活动。因此，强调未来的企业能够严格按照现代企业制度科学地管理，规范经营，明晰产权，对于房地产企业的长远发展具有重要意义。如果项目前景良好，天使投资人也可能会被吸引参加。尽管天使投资人提供的资金可能不多，但他们丰富的经验是新生房地产企业的重要财产。当目标收益率低于内部收益率时，也可以适当考虑债务融资。股权资金的融资方式主要包括引入战略投资者或风险投资者的资金，企业内部留存资金和外部发行普通股募集资金。在新生期，房地产企业不具备以留存方式募集股权资金的条件。并且由于许多限制，它们通常没有股票和债券的条件。然而，天使投资和风险投资基金始终对企业的发展潜力持乐观态度，并愿意进行投资以获得未来的投资收益。因此，新生期阶段房地产企业的融资策略组合主要由风险投资基金，天使投资等权益资金组成。房企应尽可能争取银行信贷，以加强与银行的沟通，积累信贷经验，为以后的信贷融资奠定基础。

(二) 我国房地产开发企业成长期的融资工具组合

由于房地产开发符合市场需求，已积累了一定的开发和经营经验，销售能力逐步提高，业务迅速发展，进入了成长期。企业的生存压力已逐步得到解决，现金收支平衡的局面得到了扭转。同时，一些开发项目已得到消费者和社会的认可。该公司已经积累了一定程度的知名度和声誉以及相对良好的信用记录。获得银行贷款是可行的。此时，企业规模和项目开发建设正在迅速扩大，需要大量的资金支持。因此，企业必须增加股本和注入新资本，通常需要引入新股东。并调整和完善公司上市。在这个时期，初衷已经成为现实，企业家容易自满，常常使太多的企业陷入困境甚至导致破产。同时，由于房地产企业规模的扩大，我们需要一个管理团队和一套管理体系。如果管理层跟不上业务的快速扩张失控，也可能给房地产企业带来致命的打击。

成长期财务管理的特点主要体现在经营风险的存在上，公司更注重销售；利用资本市场筹集股本资金，为风险投资寻找好方法；拥有大量现金流量，但再次返回到运营，结果仍然是维持零股息或低股息政策。营运资金管理和风险收益衡量是公司财务管理的另一个重点。这时，房地产企业的资质水平提高，土地储备能力增强，公司的社会知名度和声誉得到提高，与银行的关系得到发展。但是，持续经营的高风险决定了成长期的融资仍以股份融资为主。配发和发行新股是处于成长阶段的上市公司直接募集股本资金进行再融资的重要方式。

在所有融资方式中，股票的资本成本最高，但对于运营商而言，风险最低。在成长期，房地产企业应利用资本市场的机会，通过购买（借，造）壳等方式实现上市融资，并通过银行贷款和商业融资等方式筹集短期资金。以解决生产经营中资金的临时需求。

在成长阶段，房地产企业应主要争取上市融资，积极要求信托机构合作，并继续加强与银行的合作。

(三) 我国房地产开发企业成熟期的融资工具组合

在这一阶段，房地产企业的发展速度趋于稳定，产品的销售量保持在更高、更稳定的水平，为企业带来了稳定的现金流入。此时，房地产企业高级管理人员的经验相对丰富。他们可以根据市场需求的变化及时开发新的房地产，并根据竞争形势的演变制定并运用适当的竞争策略。在现阶段，房地产企业的管理已处于规范化的轨道上，各种管理制度相对完善，以减少管理错误的风险。房地产企业要抓住发展机遇，优化资本结构，实现企业规模和集体化。同时，我们应时刻防范经济衰退的迹象，并采取一切可行的方式寻求新的发展周期。

成熟的房地产企业的财务管理特征显示出较高的市场份额。为了维持已实现的销售利润率，必须更改管理策略。整个成熟期的正现金流量净额使债务融资成为可能；通过财务战略增加价值；良好的运营管理仍然是公司财务管理的核心工作。股利分配是投资者的投资回报。

在非财务方面，成熟的房地产企业积累了丰富的经营经验，资格水平可以达到最高水平，土地储备能力成熟高效。经过长期的银行企业互动，与银行形成了双赢局面。它们以卓越的知名度和声誉在社会上建立了自己的品牌价值。在此期间，可以很容易地通过债务融资和公司较低的利润留存率获得债务，而通过债务融资增加的财务风险可以通过降低操作风险来抵消。财务策略从全额股本融资到一定比例的债务融资的转变可以为公司带来巨大的价值。债务融资是企业最重要的融资方式之一。与股权一样，债务也是企业产权的重要组成部分。并且由于存在“债转股”的潜在可能性，债务融资不会对公司的控制产生重大影响。房地产企业的良好信誉也为银行信贷提供了保证。通过对融资结构和国外融资策略的分析，发现适当的债务融资可以优化资本结构，提高企业价值。

成熟期房企土地储备极为重要，而我国对土地控制极严。《中华人民共和国城市房地产管理法》第二十五条明确规定：“……超过出让合同约定的动工开发日期满一年未动工开发的，可以征收相当于土地使用权出让金百分之二十以下的土地闲置费；满两年未动工开发的，可以无偿收回土地使用权；……”可见，国家从土地供应数量和使用时间上加强对土地资源管理，土地数量有限与开发需求增长之间的矛盾日益突出。受宏观调控政策的影响，我国房地产开发企业土地储备量减少。因此，土地储备所需资金极为庞大。

鉴于此，“购入——开发模式”就形成了土地储备融资策略。该模式是指房地产企业通过并购有土地使用权的企业，将其资产进行整合，并通过其他一系列手段进行剥离，最终获得该土地的使用权。上海复地集团就是通过收购拥有土地资源的企业最终进入北京房地产市场的。

并购的目标公司有两类：一是有土地储备、无法开发、停建、无法继续建设的中小房企；二是通过出让方式取得土地使用权的其他企业。其中，对于只拥有划拨土地使用权的企业，在并购过程中最终通过支付土地使用权出让金获得土地使用权。这种模式的意义在于，可以将获得的土地资源出售套利套现，也可以让企业继续经营，特别是那些获得划拨土地使用权的单位。它具有很好的避税作用，可以以最低的成本储备土地，实现潜在的土地储备。这种模式为房地产企业在土地供应日益紧张的前提下，迅速获得理想的开发建设用地提供了一条全新的途径。

使用该模式应注意以下几点。

1. 该模式一般仅适用于成熟期房地产企业

因为只有成熟的房企才能有足够的收购资金、成熟的运营经验、科学的管理体系，才能利用杠杆实现并购。

2. 并购动因和目的与其他类型并购不同

该模式提出的各种模式进行并购的动机是消化国家宏观政策的影响，通过各种方式直接获取目标企业的土地资源，综合运用其他资本运作方式进行处理，完成土地储备，降低土地储备成本。

3. 并购中的支付方式

并购所需资金巨大，其他类型的并购支付方式主要包括现金收购、换股收购、综合证券收购和杠杆收购（又称融资收购）。这种模式的最终目的是获得融资效果，因此决定了房地产企业不能投入太多现金；杠杆收购需要巨额借款，在目前银行信贷收紧的情况下，也增加了实际操作的难度。相比之下，换股收购和综合证券收购更为实际。只有成熟的房企具备良好的资本市场融资能力，才能通过发行新股和公司债券完成并购活动。

4. 并购整合的目的不同。

该模式的集成是潜在地存储土地并使企业成为一个好的“土地储备容器”。因此，即使维持负现金流量，只要最终土地购置成本和现金流量之和低于市场价格，就可以实现预期目标。

（四）我国房地产开发企业衰退期的融资工具组合

尽管每个企业都在努力避免衰退的到来，但从理论上讲，这是一个不可避免的过程。由于需求变化或竞争加剧，房地产企业未能及时做出反应，导致销售下降和业务萎缩；由于未能采取有效措施恢复活力，房地产企业将逐渐衰落，最终死亡。因此，在经济衰退的初期，房地产企业应及时调查情况，做好转型或调整工作，在不可避免的经济衰退时期要更加注意融资策略的审慎性。

衰退期的财务管理特征：衰退期唯一存在的重大风险是，在有利可图的前提下，经营还能持续多久；首先考虑企业的成本结构，尽量使用短期资金；负债融资，既可增加税盾利益，又可以增加股东的现值；高折扣配股，降低负债比率，增加企业价值；高股利分配政策是衰退期公司的显著财务特征；寻找避免或延缓死亡的替代性经营战略[①]。

在非财务方面，房地产企业的土地储备能力减弱，缺乏实际的经营项目，资格水平逐渐降低，社会知名度和声誉下降。但是，由于与银行积累了和谐的合作经验，在银行盈利的衰退期，也可以为房地产企业提供一定数量的短期资金。房地产企业应避免使用复杂的折价法，而应采用非折现的投资回收期法和投资收益率法来评估费用的合理性。

在衰退期，房地产企业的主要融资渠道是借款，因此具有较高的财务风险，但在最后阶段可以通过较低的操作风险来部分抵消。同时，积极发展新业务，寻求风险投资，努力进入下一个生命周期。

三、我国房地产开发企业融资工具组合风险分析

房地产企业融资风险是指由融资而带来的未来收益的不确

---

① 范如国．企业并购理论 [M]．武汉：武汉大学出版社，2003.

定性，主要表现为融资的复杂性、扩张性和挑战性三个方面①。一般可以将风险归结为系统风险和非系统风险。

（一）系统风险

1. 政策风险

指由于政策变化给房企融资造成的不利影响，如税收政策、金融政策、产业政策、环保政策，以及其他政策，对房企的融资成本也有重大影响。

(1) 税收政策风险

一个国家税收政策包括税种、税率、征税环节、征税期限以及附加或减免税等政策，这些因素都将影响到房企融资的实际效果。

(2) 金融政策风险

影响房地产企业融资效果的主要金融政策风险是汇率风险和利率风险。汇率风险是指汇率变动对公司融资的不利影响，例如汇率波动。利率风险是指利率变化对开发商融资的不利影响，主要体现在利率上升会增加投资者的融资成本这一事实。例如，在债券融资中，债券利率与发行债券的成本直接相关。

(3) 产业政策风险

为了确保经济结构的优化和合理的产业布局，政府定期提出以财政政策、税收政策和金融政策为指导的产业指导政策。因此，企业融资必须考虑国家产业政策的变化以及所涉行业的政策约束，否则将面临政策变化的风险。

(4) 环保政策

国民经济的发展与运行离不开环境。国家大力倡导可持续发展战略。因此，环境保护在房地产企业的融资策略中起着越来越

① 蒋政．融资方略 [M]. 北京：经济管理出版社，2003.

重要的作用。

2. 经济风险

经济风险是指房地产企业融资策略面临的不同经济状况和融资环境对融资效果的影响，如经济运行，产业竞争，经济发展周期等。形势好，那么风险就会降低。

3. 政治风险

政治风险是指一国主权变动或政治冲击所引起的不确定性。政治因素、战争、政变、内乱、强制国有化、外汇管制等方面的变化等，都将对企业的融资策略产生巨大影响，特别是对于那些采用海外上市融资策略，对在房地产市场之间做出准确判断的房地产企业而言。实施上市融资，应随时关注该国的政治变化。

4. 自然风险

自然风险是指自然力变化引起的房地产融资未来收益的不确定性。地震、火灾、洪水等自然因素对房地产企业的融资影响巨大，这也是不可预测的。

（二）非系统风险

1. 整合风险

融资完成后，房地产企业一般都需要进行人力，财务，文化方面的融合。如果融合不当或不顺利，将会制约企业的发展，甚至产生严重的不利后果。

2. 财务风险

主要包括融资安排风险、资本结构风险、资本使用风险和清偿风险。融资安排的风险是指融资时间、数量和方式的不同带来的融资效果的变化；资本结构风险是指融资策略中债务资本和股权资本的数量比例对融资结果的风险；资金使用风险是指融资资金使用方向和效率的不确定性。清偿风险是指投资者未能偿还到期债务的业务风险。其中，清偿风险是企业融资过程中最重要的风险，例如清偿期、清偿能力、回款能力等。

3. 信息风险

在融资活动中，流畅、准确、及时的信息非常重要，这直接影响到融资策略的最终效果和盈亏程度。由于信息缺乏、虚假、不对称或信息滞后，融资方可能会被误导，甚至做出错误的决定。

4. 法律风险

房地产企业融资过程中的法律风险主要表现在以下几个方面：融资过程中违反反垄断法，证券监管法等法律法规的风险，宽松的潜在诉讼风险。签署相关协议，以及盲目签署的风险。房地产企业的融资应遵循交易透明，公平竞争的原则，防范法律风险，避免成本增加。

第五章　中国房地产融资发展创新研究

第一节　我国房地产企业融资渠道困境与创新

房地产业是国民经济的支柱产业，也是高度相关和综合性产业，房地产企业的经营与发展需要大量的资本投入，属于资本密集型产业。因此，房地产融资在房地产行业的发展中起着非常重要的作用。从目前我国房地产行业的融资状况来看，存在融资渠道单一、产品研发滞后等问题，严重制约了房地产企业的成长与发展。同时，房地产融资的单一渠道也增加了金融风险。因此，有必要加强对房地产业融资中存在问题的分析，并提出相应的创新策略。

一、我国房地产企业融资渠道困境

（一）银行贷款大量收缩

我国房地产企业融资渠道出现困境的主要原因有三个，其中最主要的原因就是银行贷款大量收缩，银行作为房地产行业资金流通的最大流通渠道，早期的经济还处于上升阶段，所以银行的贷款量很大，这样可以更好地支持房地产行业的开发，但是随着房地产行业的迅速发展，其已经不再需要银行的大量贷款，所以根据新时代的发展趋势，也是为了避免通货膨胀，银行开始缩小资金的投放量，但是房地产行业还是和其他行业有着很大不同的，其投资量大，所以随着金融危机的到来，部分房地产企业的资金受到了巨大的冲击，资金流通出现了缺口，这也就意味着其需要银行的帮助，但是如果银行一味地加大贷款量，而房地产企业没有能力偿还，会使国家造成财政空虚，所以银行在近期是不会大量展开资金贷款的。这也就为房地产企业的融资带来了困难。

据不完全数据的统计，2016年之后房地产行业的银行贷款业务整体趋势放慢，银行授信的房地产企业十分有限，贷款金额不超过900个亿，且2017年、2018年等年度贷款业务也在逐渐放缓。由此可见，银行在近期已经大幅度缩短贷款业务。所以由上述数据可以看出，现今房地产企业所面临的困难，银行利率过高，地产准入条件高，其不容易获得银行贷款，致使房地产企业资金融入相对困难。

(二) 房地产上市融资门槛高

虽然房地产作为我国经济发展中最为迅速的行业，但是其自身的特殊性，造成企业上市较难，其上市条件多，很难有房地产企业可以达到，所以不能进行上市，造成企业融资渠道少，不能很快地融资[①]。

截至2018年，我国上市的房地产企业只有178家，市场上的房地产企业虽然多，但是大型房地产企业并不多，所以很少有企业可以达到上市的要求。再加之2010年鉴证会暂停了房地产或与房地产相关企业通过上市获得股市融资的方法，这样暂停的目的是希望可以抑制房价的上涨。

房子是用来住的而不是用来炒的，所以一定要降低房屋价格的上涨，这就为房地产企业的融资带来了一定的难度，从而造成

① 王淑芳．我国房地产企业融资渠道困境与创新 [J]. 现代经济信息，2019（16）：293-294.

有30家房地产企业放弃了上市的机会，致使房屋市场出现了一些波动，使得房屋市场出现了一些新的融资方式，有的房产企业利用迂回的方式通过买壳或是借壳的方式上市，自2007年我国证券监督管理委员会就提出限制房地产企业发行股票或用其他形式进行融资，所以只有借壳上市符合当今房地产发展政策，所以对于上市的房地产企业想要快速融资，近一段时间还是不能完成的。

1. 融资方式单一，信贷风险大

从目前中国房地产业的融资状况来看，显然融资结构单一，间接融资所占比例较大。房地产开发的过程可以分为三个步骤，第一步是土地拍卖，第二步是房地产建设，第三步是销售。这三个步骤中的每一个都与银行融资密不可分。同时，通过对房地产融资的具体情况的分析，我们可以看到其60%以上的融资仍来自银行，因此间接融资仍占很大比例。尽管中国目前已经出台了相关政策，为房地产开发商设定了更高的贷款门槛，以通过宏观调控促进房地产行业融资的多元化发展，但仍不能有效地提高间接融资格局的水平。国内房地产业仍然以银行融资为主导，这进一步增加了银行的信用风险。

2. 房地产融资限制因素过多

房地产行业融资不仅是为了积累资金，融资的实质是一种通过资金使用方式体现的资源配置。房地产业是一种资本密集型产业，因此在发展过程中，必须依靠大量资金。仅仅依靠内部资本实力还远远不够，需要通过外部融资渠道实现更多的发展资金。因此，房地产融资方式主要是外部融资。目前，主要的融资方式是银行贷款，公司债券发行，引进外资和房地产信托。但是，信贷仍然是中国房地产业的主要融资方式。主要原因在于其他融资方式应用的局限性，融资过程复杂，许多企业达不到标准，导致融资渠道的局限性。

（三）银行加息压力增大

房地产业的融资困难一部分的原因来自企业本身，另一部分原因是因为银行的加息，因为大部分的房地产企业的融资都来源于银行，通过前期银行贷款而获得大量的资金，再通过企业的运营和工程施工来偿还贷款，早期的银行利息还不是很高，但是随着最新政策的推出，银行贷款利率开始上涨，这就意味着贷款还钱时要给予银行更多的利息钱，而房地产行业向银行贷款的数额都是很大的，所以银行利息上涨对其是有很大影响的。现今银行基准利率已经上调了 0.25 个百分点，从 2.25% 上调到 2.50%，由此可见利率上涨的迅猛。我国预计要进行两轮的加息，但是因为人民币升值带来的热钱涌入，所以为了防止市场紊乱，我国迟迟没有推进第二轮的银行加息，但是一轮的加息已经为房地产行业带来了巨大的压力，其意味着房地产开发投资的成本在不断上升，增加的利息会为其还贷带来一定的压力。

（四）银行信贷方式缺乏创新

房地产行业的资本密集特征主要体现在产品开发周期长，投资大。因此，需要大量资金来确保房地产业的良好运作。目前，中国房地产业的发展资金主要来自银行贷款。但是，银行的贷款方式比较有限，期限比较短，难以满足房地产开发周期长的特点。同时，我国金融的融资方式有限，缺乏创新，难以筹集资金。因此，我们需要关注银行财务模式和信贷模式的创新。

二、房地产企业融资困境分析

（一）传统体制的制约

随着社会经济的不断发展，我国经济体制得到不断调整和完善。但是，在此过程中，对经济管理的严格控制限制了房地产企业在融资问题上的融资渠道，便于实施监管。因此，房地产市场的宏观调控可以更好地控制融资渠道。这些主客观因素在很大程度上阻碍了房地产业的健康发展。

（二）外界融资环境原因

1. 资本市场不健全

近年来，随着我国房地产业的飞速发展，各种矛盾也随之而来。相应的法律法规还不完善，难以适应当前房地产面临的问题。经济问题将更加令人担忧。如果预见到经济泡沫，它将给国民经济带来毁灭性的打击。为了避免房地产业发展不畅对国民经济造成严重破坏，国家颁布了房地产调控措施，调整了银行的贷款政策，提出了其中一项重要措施——信贷利率的调控手段。随着抑制房价政策的出台，融资渠道的困境严重威胁和制约了房地产企业的生存和发展。

2. 获取土地增加了费用

土地作为重要的自然资源，一直是国家管制的对象，特别是作为进入市场经营的商品，进一步增加了房地产企业的建设成本，消耗了更多的资金，也使房地产企业的利润减少，资金的自我储备能力下降。房地产进入调整期后，产品的销售速度明显下降，资金返还周期延长，运行不平稳。房地产企业的全部资本储备将面临巨大压力。

3. 国际竞争加剧

海外房地产公司开始大规模进入中国市场。他们具有丰富的行业管理经验、成熟的项目运营模式和雄厚的资金实力，加剧了行业竞争。以资本实力为核心竞争力的房地产业对中国企业构成了巨大威胁。因此，确保资金供应，提高资金利用效率，拓宽融资渠道成为当务之急。

4. 自身管理与资金积累存在问题

中国房地产业面临前所未有的机遇之战。随着海外资本和私人资本的涌入，行业竞争变得异常激烈。由于中国房地产行业的不平衡，该行业的高额利润吸引了更多的企业加入投资行列，这使得在该行业经济秩序的影响下难以准确评估资本储备的流动性。在这种情况下，不可能正确判断自己的融资规模和融资方式，无法根据实际情况进行有针对性的战略调整，盲目融资是未来发展的隐患。目前，许多房地产企业缺乏现代管理知识和经验，对经营理念和战略规划也没有定位，因此面临着极大的困惑。

三、我国房地产融资渠道的创新对策

(一) 强化政府监管职能，科学管理

政府对房地产的管理非常重要。(1) 保持宏观政策稳定中立，也就是说，宏观环境应适度收紧，过于宽松和过于紧缩不利于市场的作用。(2) 营造公平竞争的市场环境。我们将进一步放开市场准入的范围，充分释放新的增长动力。客观分析房地产促进经济增长的因素，及时预防经济发展对房地产的依赖。(3) 创新房地产金融体系，改革金融监管体系，大力发展资产证券化，尽快消除资产证券化的法律和税收壁垒，建立多元化的房地产融资平台和资本市场，促进有序流动资金，实现储蓄向投资的有效转化，促进房地产市场稳定健康发展。

(二) 拓宽银行信贷渠道，积极争取贷款

为了减轻房地产企业的融资压力，现今要加强对其融资渠道的创新，建立多样的融资渠道，使其可以拓宽银行信贷渠道，积

极争取贷款机会，从而减少成本输出。可以通过建立并购贷款，就是商业银行向并购企业或是其子公司发放贷款，房地产企业通过并购小型企业或是并购股权，然后再通过该企业进行银行贷款，这种信贷方式的优势在于其主要针对境内房地产企业，可以更好地控制境内优势客户的改革和改组过程，可以通过收购国内其他行业企业的法人，然后进行项目贷款，这是现今为了应对银行缩短房地产行业贷款金额最为有效的办法，是一种特殊形式的贷款。除此之外还有一种拓宽信贷的渠道，这种渠道交易相对复杂，就是可以封闭一些多余的交易贷款，这样的方式可以形成一种新型的股本交易品种，并且还可以对企业的融资提供很好的帮助。当前我国银行信贷业务正处于低迷状态，为了减少其对房地产企业融资业务的冲击和伤害，应该充分利用现有的信贷资源，根据市场真实情况拓宽业务，紧抓效率高、处置成本低的融资渠道，从而帮助房地产行业减少融资难的困境。

(三) 依靠房地产企业内源，利用自有资金

面对企业融资困难，银行政策不利于融资的问题，房地产企业可以换一个角度思考问题，将银行融资这条渠道改变一下，可以通过企业内部的融资，充分利用企业的自有资金，从而使得融资渠道不仅仅局限于银行这一个渠道，具体实施方法是通过将企业中应收账款、票据等，使其快速变现，从而使企业获得大量的自有资金，这种方式的好处在于其可以帮助企业减少融资风险，降低融资困难所带来的资金流通问题。自有资金较少的房地产企业，其从金融机构中获得巨款较为困难，其可以利用各个工程的时间差异，灵活周转每一个工程的资金使用时间，或是和经营商联合开发，互相帮助，统筹协调地展开项目的实施，从而获得稳定的现金流通渠道，帮助其建立科学合理的资金规划方案。这种联合开发的好处是可以加大期房的营销，快速获得投资收益，获得资金回报，减少房地产企业的资金缺少的问题，帮助企业在稳定的资金流通中做强做大。

（四）创新房地产信托融资渠道

信托融资是中国目前企业融资中的一种常见融资方式。在国家宏观调控下，这种具有制度优势的融资渠道已逐渐应用于房地产行业，从而增加了房地产信托的发行。目前，房地产信托的运用模式有三种，一种是贷款型资金信托模式，与商业银行传统的贷款模式相似，但资金来源方式有所不同。信托计划的资金取决于信托计划的募集资金；另一种是股权信托，这意味着在信托资金过程中，可以通过持有房地产股份后溢价回购的方式进行股权投资。这种信托融资不仅可以满足房地产企业的融资需求，而且可以提高房地产企业的信用等级。通过不断积累资金，房地产企业不仅可以有效地控制资产负债率，而且可以同时优化公司的资本结构。第三种是收益转移信托，是指通过交易的财产信托形式。具体的运作方式是将房地产企业中可预测的现金流量收益性财产的收益权转让给信托公司和社会投资者，以实现融资。尽管推出信托产品仍然存在一些问题，例如法律制度的不完善和产品的发行等，但其在融资市场的发展势头仍不可低估。从目前的情况看，信托资金在房地产行业的融资中已经可行，并取得了良好的效果，因此信托融资模式创新了房地产企业的融资渠道，这是一种值得进一步探索的融资模式。

信托业务正在随着经济的发展而逐年上涨，现今信托总资产和集合信托产品的规模多在大幅度地扩大，据信托业协会的数据显示，可以看出自 2010 年 10 月 31 日为止，全国信托公司资金合计达到了 1351.4 亿元，而到 2018 年，据往年相比有了大幅度的上升，信托的总资产已经突破3万亿元大关，其已经达到了30103.71亿元。该数据可以看出信托行业发展的速度，与2010年相比有了突飞猛进的进步，不到几年的时间里，将近增长了20多倍，其中房地产行业占有十分之一的比重，虽然不是大头，但是这个比重已经很大了。并且自2010年至今，其数据还在不断地上涨，现今房地产信托资产比重已经高达百分之二十五，由此可见房地产信托业务的重要性。

鉴于信托业务对房地产企业发展尤为重要，所以国家暂时不会停止房地产信托业务。关于房地产信托产品的暂停，其只是暂时的，不久以后就会重现发行。因此现今的房地产信托业务的发展前景一片光明，房地产企业应该抓住这个机遇迎难而上，只有敢于应对挑战、敢于创新才能不断进步和发展，要适应市场的发展情况和国家的相应政策，从困难中看到机遇，最终使得房地产行业逐渐发展壮大，稳步向前①。

（五）创新房地产项目融资渠道

项目融资是指针对特定项目的融资方式，要求房地产企业在贷款之前先安排好，并以项目所涉及的现金流量和收入作为抵押，以已实施的项目作为担保。这种融资方式的主要特点是，银行不仅要对贷款人进行综合评估，还要考虑项目本身的情况。因此，在防范项目融资风险中，我们需要将项目的利益与各方的承诺和保证有效地结合起来，然后有效地分散各方的风险。商业房地产可以采用项目融资的方式与投资者共同设立项目，并通过建设、运营等方式寻求融资。

（六）创新房地产证券化融资渠道

当前，中国的商业房地产已经基本达到证券化的条件，房地

① 陈治年．中小房地产企业融资困境及对策研究[D]．南宁：广西大学，2012.

产证券化有多种形式可供选择。例如，房地产投资基金是指一种信托公司通过制订信托计划与客户签订合同，然后通过发行信托收益凭证提供资金，是房地产企业通过委托或聘用管理专业人员的一种融资方式。这种融资方式是美国房地产行业最常用的方式之一。但是，由于受到宏观调控等因素的影响，我国的发展速度较慢，上市公司的融资额也受到严重限制。但是，借壳上市的方式也使房地产企业获得了更大的发展机会，并为房地产企业的上市提供了便利条件。因此，房地产行业企业债券融资渠道的创新也是可行的。

（七）健全房地产金融监管体系

完善已经出台的房地产融资法律法规，使房地产企业在选择融资渠道时得到法律保护，使房地产融资能够正常有序地进行。随着经济的发展和房地产融资的多样化，出现了许多新的融资工具，以确保它们不落后于房地产经济的发展。要规范房地产金融法律法规，加强监管，规避各种风险，完善与融资有关的监管制度，有效保护各种新型融资工具，有效发展房地产融资。金融业不会顺风顺水，风险总是伴随着它，它与房地产金融密切相关。它们将受到国家宏观调控政策的影响，容易形成连贯的效果并带来一定的风险。因此，必须通过有效的机制和相应的监管系统来保护它们。要加强各监管机构之间的网络合作，建立信息资源共享和信息交换的机制，为企业提供便利，为企业减压，消除重复监管，减少监管漏洞，提高监管效率，降低监管成本，提高监管水平。推进房地产企业融资高质量发展。

（八）拓宽渠道，创新模式，多元化金融产品

目前，我国现有的融资方式还不能满足房地产企业尤其是中小企业的上市融资需要，房地产企业的上市存在一定难度，因此，我们需要一个丰富多样的房地产融资体系来应对。满足企业多元化的要求。除了银行信贷外，房地产企业还可以根据自身特点选择自己的融资方式。例如：固定资产租赁，私人借贷，企业间借贷等。我们也可以尝试多种渠道的组合，增加融资的灵活性来代替银行贷款，这是门槛高的单一融资方式。新型灵活的金融产品逐渐满足房地产开发企业的需求，并提供足够的资金来保证企业的正常运转。国家对房地产市场的监管力度大，对规范房地产市场的健康发展发挥了积极作用。由于住房贷款政策的变化，房地产信托基金受到房地产市场的重视，其在整个融资渠道中的作用正在逐步发挥。2017年，房地产信托基金总规模为前三年的总和，达到379亿，这表明信托投资基金非常受欢迎。它的发展缓解了房地产企业融资难的问题。只有通过金融产品的不断创新和多样化，才能适应当前激烈的竞争和瞬息万变的市场经济，有效解决房地产企业的融资难问题，促进金融市场的发展壮大。

（九）健全房地产金融法律制度和体系

房地产金融渠道的拓展和产品多元化的创新需要法律法规的保护。房地产金融和法律法规建设需要同步进行，以帮助房地产金融市场有效发展。没有法律保护，金融创新和新产品的推出将带来意想不到的法律风险。因此，完善房地产金融法律制度在规范融资方式、建立良好的融资市场、最大程度满足房地产开发需求方面具有重要作用。进而激发金融产品的创新积极性，促进房地产金融的持续稳定发展，使房地产企业顺利融资。建立稳定的多层次房地产金融体系，建立银行信贷间接融资平台，拓宽资本市场直接融资渠道，营造健康的融资环境，使房地产企业可以低风险融资，为其业务发展提供必要的资金支持，满足不同层次企业的需求。保障住房抵押贷款证券化，发展证券化市场，加强法制建设，善用政策，发展房地产基金。协调多种融资与金融风险防控之间的关系，为房地产企业的发展提供持续动力。在经济体制改革中，为了满足各种资金的需求，必须完善多层次的金融体系，以发展金融市场。

总而言之，房地产企业融资渠道困境与创新是当今市场所面临的机遇和挑战，要合理地应对，敢于创新，从而获得更多的融资机会，帮助促进房地产市场活力，建立商业银行与房地产行业之间的合作，借鉴其他行业中的融资办法，最终打造出多种融资渠道，推进经济发展和进步。

第二节　基于夹层融资的房地产企业创新融资方案

一、夹层融资的界定

（一）夹层融资的定义

夹层融资主要是指股本与优先债务之间存在的融资方式，相关企业可以通过使用夹层资本最大程度地获得资本。从融资成本的角度来看，由于夹层融资对股权的稀释程度较小，因此股权融资成本将显示出较低的一面。但是，从还债顺序的角度来看，股权融资与优先权债权相似，这说明优先债权人具有一定的优势。

（二）夹层融资风险特征

1. 协议风险

为了有效保护投资者的合法权益，融资协议的签署过程将为投资者创造相应的约束条件。例如：限制资金需求者的二次融资和财务比率。

2. 行业风险

夹层债务通常能够根据一定程度的行业风险和融资要求适当地制定。例如：在房地产行业中，夹层资本通常关注收益率。相反，大多数发达国家拥有成熟的产业，可以在低汇率风险下设计高利率次级贷款形式的夹层债务。

3. 退出风险

在中国宏观调控政策不断深化的情况下，房地产企业的融资难度很大。对于私营企业和中小型企业而言，它们极少获得公共融资的机会。此外，回购的价格和时间应在回购方式与股权转让需要投资和融资的双方之间仔细协商，这必然导致退出风险的加剧。

4. 汇率风险

各国货币贬值后，将直接影响股权投资者的私人收入。如果外国投资者提供夹层资本，他们将以股权为载体来还本付息。通常，他们必须在上市后进行适当的现金套利。发生这种情况时，将相应地产生汇率风险。

（三）夹层融资和房地产融资的联系

市场、土地和资本一直是房地产业的基本要素，在深入的国家宏观调控过程中，资本已成为更为重要的组成部分。但是，由于夹层融资是债务与股权之间的一种受限融资方式，因此夹层融资具有较复杂的开发贷款审批流程，难以获得上市融资，夹层融资促进了资金的最优获取，并防止了因实施宏观调控而发生资金断裂。房地产企业作为一种资本密集型产业，倾向于将开发项目周期维持在 4 年左右。夹层融资的使用只能为房地产企业提供长期的贷款模式，可以满足房地产企业的需求。而且，夹层融资具有多种时间进入方式，它不仅可以进入征地阶段，而且可以合法地进入房地产企业的银行贷款和其他融资形式。

此外，夹层融资所涵盖的还款期限可以结合借款企业的现金流量状况和投资者进行多元化设计的需求，可以在一定程度上增加公司的股权。以此不难看出，夹层融资的这一系列优势促进了房地产企业的创新融资。

二、夹层融资在房地产企业创新融资中的问题

（一）成本与定价不够明确

就金融创新而言，核心因素是产品的定价，因为在创新金融模式时，债券和股票的特征以及夹层融资的定价更为复杂，导致了产品定价中的难题。

在此阶段，一些发达国家基本上使用债券和期权的定价模式，并在此基础上协调夹层融资的定价，最后制定出一个更易于投融资双方接受的价格。如果我们采用其他国家的价格计算方式，几乎很难适应我国的实际情况。即使我们采用其他国家的价格计算模式，也需要在实验过程中不断对其进行纠正，以使定价模式趋于完善。因此，在未来夹层融资定价中，有必要在不断的实验和探索中提高定价准确性，以在我国房地产市场推广夹层融资定价模式。

（二）投资主体单一

夹层融资在国外开展时，基本上会优先创设夹层投资基金，同时选取较为明确的投资项目，在融资的成功案例中，夹层基金一般会将筹款放在首位，然后再以资金的多少寻求与风险、收入相符的投资项目[①]。例如，美国市场倾向于对基金公司或保险公

① 徐霞．基于夹层融资的房地产企业创新融资方案[J]．财会通讯，2016(08)：14-16.

司以产业基金和保险资金的方式进行投资过程。这些公司的相关投资者不仅具有丰富的经验，而且可以掌握完善的风险投资控制体系。但是，在现阶段，我国尚未颁布产业基金法，显示出股票市场和基金市场的不完善，甚至没有纳入法律调整范围内的私募股权投资。因此，我国不能直接建立用于房地产投资的夹层投资基金，这导致我国投资公司与发达国家在项目选择方面存在巨大差距。

(三) 房地产项目监控能力弱

尽管中国大多数商业银行已经开展了多年的信贷工作，并建立了信用风险评估体系，在风险控制方面拥有丰富的经验，但是大多数与中国信托公司类似的非银行金融机构在房地产项目融资中都涉及夹层交易。很少的参考案例、浅薄的夹层融资经验和缺乏专家团队等因素，在实施夹层融资模式的过程中缺乏一定程度的监控能力，这种现象导致更多的投资者面临风险的长期问题。

(四) 政策法律环境不健全

当前，我国还未建立与夹层融资相关的法律政策，在实施夹层融资的过程中借助的是我国的《公司法》《担保法》《物权法》等相关法律。由于我国缺乏产业基金法，一些信托公司在设计时没有建立完善的交易规则，容易产生投资和融资风险，导致利益分配不合理。从中国房地产市场的现状来看，房地产企业一直在尝试夹层融资模式，个人信托机构也创造了创新的夹层融资产品，但在具体的实践过程中，政策和体系不完善，导致了更大的弊端。融资风险比较突出。

(五) 缺乏风险控制体系

从投资者的角度来看，夹层融资势必会有一定程度的投资风险，例如退出风险。夹层融资的退出风险包括：项目上市，股权转让和关联方回购。在目前的宏观调控阶段，中国的房地产企业很难顺利上市。此外，通过股权转让退出相对困难。由于股权转让需要在投资者与融资方之间就转让条款和价格进行谈判，因此房地产信托机构必须在信托计划到期时与投资者协调，无论是投资项目的现金流量还是营业收入。另外，夹层融资的交易结构通常是用琐碎的方式设计的。投资者需要具有一定程度的专业知识，以阐明主体之间的关系。同时，在项目实施过程中会出现不正确的进度跟踪和监视问题。因此，完善风险控制体系非常重要。

（六）缺乏信用评级机构和信用评级制度

从夹层融资的角度来看，评级的具体评估是借款人是否可以在一定时间内偿还本金和利息，然后使投资者以风险提示的方式规避融资风险，从而保护投资者的权益。近年来，中国金融市场一直处于快速发展时期。相关的信用评级体系还处于不完善状态，缺少一些信誉度高、核心竞争力强的评级机构。

三、基于夹层融资的房地产企业创新融资方案

（一）明确定价模式

夹层融资产品具有两个特征：债务和股票。夹层融资定价具有极大的复杂性和灵活性，因此很难使用相同的公式进行定价。然而，尽管发达国家还没有直接计算夹层融资的价格，但它们长期依赖相关的金融工具进行定价，分析了灵活的夹层融资模式，并形成了较为完善的夹层融资定价体系。

相反，我国的夹层融资定价体系起步较晚，这导致我国房地产业的市场状况与国外发达国家之间存在明显的差距。因此，我国的夹层融资需要不断地吸收、借鉴国外的丰富经验，并在加强

实践探索和金融理论研究的基础上，努力根据我国的实际情况出台措施，使其为房地产企业融资创新方案打下坚实的基础。

（二）创建多样化夹层投资主体

在《合伙企业法》实施过程中，夹层融资的主体是有限合伙私募基金。比如，2011 年在上海成立的中心夹层投资基金，即有限合伙，具体目标是实现房地产、矿产能源投资和股权抵押、投资和并购融资，规模为 50 亿元。

此外，国开金融业务领域还根据其银行背景涵盖夹层投资模式。因此，我国保险公司和投资银行都无法成为夹层投资的主要投资者，在风险控制、资金实力等方面进行投资。结合我国商业银行的特点和发达国家的丰富经验，我国政府有必要积极鼓励大多数商业银行开展创新性的融资计划，在充分减少政策限制的同时，发展壮大信托投资公司，积极分析创新夹层融资模式。

（三）加强房地产企业自身建设

1. 强化建设企业自身素质

从目前中国的融资问题来看，房地产企业不仅要重视资本预算的管理和监控，而且要提高其综合素质。此外，要加强房地产企业的综合管理，建立现代企业管理制度，逐步提高房地产企业的综合质量和信用等级，为房地产创新融资方案创造优质条件。

2. 强化建设资金监控体系

由于营运资金的管理与企业的发展和内部控制紧密联系，房地产企业的管理者应加强财务控制，适当改变融资和财务观念，努力参与现代企业的资本管理。加强财务控制可以从两个方面实现，一是提高资金使用效率，二是加强周转资金管理，以提高资金周转速度和流动速度。解决资金周转问题，使房地产企业的融资走可持续发展的道路。

3. 强化建设财务预算管理体系

房地产企业在金融机构贷款难以顺畅开展的根本原因，就是房地产企业存在不规范的资金使用模式，因此，房地产企业需要进行财务预算的编制，衡量不同财务的目标，同时把不同的财务目标落实到相应的责任人和部门内部，以此来达到有效控制和约束企业财务行为的目的。

(四) 健全政策法律体系

夹层融资最早在欧美国家使用，并且在应用过程中得到了改进和快速发展。从欧美国家的金融市场环境和经济发展轨迹来看，所涉及的所有市场形式、系统工具和市场机制都是在经济快速发展阶段轮流产生的，相互促进，互动。从而形成了较为健全的政策法律体系和市场体系。但是，我国正处在社会主义的初级阶段，短期内不可能取得欧美国家数百年来的成就。因此，中国的房地产企业必须从长远的角度加强法律建设，同时要以最快的速度制定与夹层融资健康发展有关的制度、政策和法规。为健全政策法律体系可从两方面着手：一是大力实行《产业投资基金法》，加快拓展与夹层融资相关的资金来源；二是细化和健全夹层融资在交易阶段有所关联的法律法规，如《物权法》《担保法》《公司法》等。

(五) 健全风险控制体系

具体包括：认真掌握夹层融资项目的担保，抵押，质押，资金使用和运行机制，以确保项目的真实性。分析房地产开发商的实际情况，尤其是抵押物的实际情况。有效制定投资比例，严格控制房地产企业整体投资风险。大力引入第三方中介机制，以降低夹层融资的风险率。因此，如果要充分提高项目的科学性并降低风险，就必须有专门的审核员和法律顾问团队提出专业建议和意见，以达到预期目的。

(六) 强化信用评级机构与信用评级制度的建设

当前，我国信用评级体系的建立相对缺乏，几乎没有信誉担保机构，只有规模较小的抵押保险业务，无法达到风险分担的目的。在这种情况下，保险公司逐渐增加了操作风险。可以看出，中国尚未建立标准化的评级机构，无法充分体现透明、标准化和中立的优势。因此，政府部门需要发布明确的政策措施，引导政府建立中介机构，以最快的速度为夹层融资提供评估、评级等服务，以降低项目的运营成本，提供更好的服务，突出有效的夹层资本，确保夹层融资模式的安全运行。

此外，要注意夹层融资人才的培养，建立有利于引进国内外夹层融资人才的制度，加强人才引进方式的激励机制和流动性，积极鼓励房地产企业大力培养和招募不同层次的人才，建立复合夹层融资人才队伍。

第三节　基于 REITs 相结合的房地产融资技术创新研究

一、信托融资的技术分析

信托融资是指信托公司或信托基金向投资者发行相关权证的一种融资方式，即为信托产品募集资金，信托公司或信托基金将募集的信托资金借给房地产企业发展经营。是经监管部门批准的。在信托期末，可以收回信托的本金和收益，信托的收益为贷款利息。同时，采取相应的抵押和担保措施来控制风险。信托融资通常分为信托计划融资与 REITs（即房地产投资信托基金 Real

Estate Investment Trusts，简称 REITs）两种主要模式。

（一）信托计划融资

信托计划融资是指根据监管机构批准的信托计划，向投资者出售信托股权证，以筹集资金，然后由信托公司将募集的资金转移给房地产企业进行投资和经营的融资方法。信托到期后，本金和利息将作为对投资者的回报而收回。信托计划筹资有以下三种模式。

1. 债权信托计划融资

信托贷款是由商业银行和信托公司共同发起的。投资者与信托公司签署并出售信托权证，信托公司向房地产公司贷款以进行项目开发融资。这种方式类似于商业银行的传统贷款方式。不同之处在于，资金来源主要是通过发布信托计划筹集的，而债权人是信托公司。

2. 阶段性股权信托计划融资

当信托基金分阶段投资于房地产企业时，信托公司变相成为"首选"股东。信托期届满后，房地产企业或其他股东将溢价购买"股权"。信托收入来自"股权"溢价回购的融资方式。

3. 受益权转让信托计划融资

将具有可预见未来的稳定现金流量收入作为房地产开发项目的受益权，并通过基于交易的资产信托将其转让给投资者，以达到融资目的。信托收入来自现金流量收入或受益权溢价回购。

信托计划融资模式较多运用于商业地产项目的受益权转让，这些信托产品在信托发行时或发行前就与投资者签署了期限明确的物业租赁合同，收益和现金流可预测并且稳定[①]。同时，房屋被

① 刘尔思．一种与 REITs 相结合的融资技术创新研究 [J]. 经济问题探索，2010(10)：60-64.

用作抵押担保或信用担保，并保证了退出安全。但是，单一的信托计划很难控制房地产开发商的资金使用和收益。风险环节取决于市场变化和开发商的道德。同时，信托投资者的退出机制缺乏平台，投资者风险过于集中。

（二）REITs

REITs是根据合同约定和相关政策，通过发行基金受益凭证募集资金，委托专业机构投资和管理，用于房地产或从房地产的采购、发展、管理维护、销售过程中取得租金和销售收入。同时也可为个人和机构提供房地产抵押贷款，取得利息收入，并将投资收益中的绝大部分以派息形式按比例分配给投资者的一种房地产类的集合投资计划产品的融资方式。

REITs与信托计划的区别在于：REITs通常在满足一定的设立条件下可获得一定的税收优惠，同时专业机构的管理和开发商资产收益的变相抵押，确保投资者一定程度上的风险分担。REITs运作方式有两类：一类是由信托基金公司与房地产公司共同设立的载体公司（SPV）向投资者发行用于收益凭证，所募集的资金投资于特殊目的的商业地产项目，项目所产生的现金流用于归还投资者本息。

另一类是物业企业将所属经营性资产打包设立REITs，用经营性资产所产生的租金、按揭利息等作为标的，均等分割为若干份额向投资者出售，定期派发红利的一种融资方式。这实际上类似债券的融资方式。

由于写字楼、商场等商业地产的现金流高于传统住宅地产的现金流，因此，REITs较适用于大型工业和商业地产项目。从国外的经验看，REITs极少有进行开发性投资的融资模式存在，更多的是收购已有商业地产并出租，靠租金回报投资者的模式。

REITs 的运行方式可演变为三种类型，即按组织结构分为契约型和公司型，按投资人能否赎回分为封闭式和开放式，按资金投向分为资产型、抵押型、混合型。

REITs 始于美国，20 世纪 60 年代美国政府允许民营机构设立 REITs 并允许上市交易，REITs 的出现为传统产业投资基金增强了流动性。REITs 融资可享受公司所得税减免，根据美国法律规定，应纳税收入中的 90% 应作为红利支付给投资者。从世界范围看，美国房地产投资信托基金占有全球同类产品的 90%，近年来欧洲、亚洲、美洲等 18 个国家和地区都制定了专门的立法，加入发展 REITs 的行列中。

REITs 的资金来源广泛，由专业人员进行投资和管理，因此在资金规范上、管理上及投资策略上都具有优于其他融资模式的优势。同时，REITs 风险低，回报稳定，不增加企业债务负担。

二、信托融资技术与房地产融资创新与运用

选择现有的信托融资技术对房地产业的发展具有积极的作用。

一是丰富和完善房地产金融市场。房地产信托具有金融产品的特征。它通过市场信用联系银行业务系统，促进房地产金融二级市场的发展。二是降低银行的系统风险。房地产信托融资可以避免单一银行融资引起的政策波动，可以避免或减少由房地产风险引起的银行风险甚至金融风险。三是建立多元化的融资体系，拓宽居民的投资渠道。一般而言，房地产信托投资的收益率高于储蓄和债券投资的收益率，并且具有较高的抗通胀能力。流动性强，投资门槛低，普通中小型投资容易参与。四是降低融资成本，促进房地产业持续稳定发展。低成本融资渠道是房地产持续

稳定发展的基本条件。信托融资减少了融资环节和融资成本，对维持开发成本市场价格的稳定发挥了积极作用。

尽管现有的信托融资技术对房地产行业的发展具有积极影响，但在具体实践中仍存在许多问题：第一，风险相对集中。绝大多数信托基金投资在预设的单一项目，以及将所有资金投资在单个房地产项目中的资产配置策略，使信托基金承担高度集中的风险。第二，短期信托产品。外国房地产信托产品的期限超过 8 至 15 年。但是，在我国发行的大多数房地产信托计划的期限为 1 至 3 年。短期特征明显，没有期限转换的功能，不能满足房地产股投资的期限要求。第三，信托融资的区域特征十分明显。在为该地区的房地产项目融资之前，信托公司对区域经济发展和房地产市场状况较好的地区没有给予更多的关注，这导致了我国东部和西部地区之间信托融资的差异。东部地区的信托资金远高于西部地区。

相对于我国当前经济环境和政府刺激经济政策，信托计划与 REITs 融资方式的局限性阻碍了房地产信托融资技术的推广运用。为了在信托融资技术与其他融资技术之间选择适合于我国当前实际的融资技术，提出以下方案。

(一) 可转换信托计划融资技术

可转换信托计划融资是指债权转股权的信托融资，由投资者、商业银行、信托公司和房地产公司共同发起，并经信托管理和监督机构批准。融资的实现是基于项目收益作为债务和股权转换的条件。项目成功开发后，收入将用于偿还债务。当项目运营周期长或不确定时，将进行股权转让，即将债务转换为股权，以确保投资者的权益。

可转换信托计划融资模式更适合中小型房地产开发项目，这是由于中小型开发项目具有项目规模小，开发资金需求少，开发周期短，明显的区位优势，灵活的管理方式等。这种融资方式有利于信托公司向投资者出售信托权益，以筹集资金。房地产企业及关联方是利益共同体，信托基金具有一定的收益，可以最大程度地降低融资风险。由于信托系统的特殊性和灵活性，以及独特的财产融资功能和权益重建功能，它与银行贷款完全结合在一起，形成了一种新的联合融资模式，即“投资者 + 信托 + 银行 + 房地产企业”，以信托 + 银行的组合工具构建房地产项目融资模式，融资数额由以信托为核心的金融组合工具完成，实现信托前端融资、银行后端资金支持的格局。信托与银行、房地产公司三家签订的合作性协议，承诺信托进行前期投资，银行给予后续贷款。

（二）项目融资与 REITs 结合的融资技术

项目融资是“为一个特定的经济实体（项目）安排的融资，其贷款人在最初考虑安排贷款时，满足于使用该经济实体（项目）自身的现金流量和收益作为偿还贷款的资金来源，并且满足于使用该经济实体（项目）的资产作为贷款的安全保障”。

因此，项目融资用来保证贷款偿还的首要来源被限制在项目本身的经济收益——项目未来的现金流量和项目本身的资产价值。换句话说：项目融资就是将项目的未来收益作为融资还款来源的一种融资方式。将项目融资技术引入 REITs 是因为对于一个资金需求量巨大的大型房地产开发项目，因其开发周期长，持续不断的资金供给，收入稳定等，这样的项目融资难度大，需要结合我国的现实情况做出特别的设计。

项目融资与 REITs 结合的融资技术的好处在于：一是分散经济风险，因为参与者众多且投资时间长。二是获得足够的财务待遇。融资和投资的内容没有完全反映在资产和负债中，可以合理地避免支付利息的负担。三是支付待遇。由于银行监视运营，参与项目监视，并根据采购合同支付贷款费用，因此降低了项目开发中的管理和运营成本。四是良好的税收待遇。这种融资方式可以充分享受税收优惠的好处，因为产品的销售主要用于偿还贷款，因此产品在政府的税收优惠过程中被出售，等等。项目融资的这些优势与 REITs 的融资结合正好起到互补的作用。

在 REITs 融资技术设计中，存在的主要问题是政府当前的法律法规尚未明确这一融资方式的合法性，同时，由于资本市场尚未提供能够上市的条件，这样单一的融资可能要冒极大的政策和社会信用风险。因此与现行信托融资方式结合，是可行的方式。

一个完整的 REITs 与项目融资结合的融资技术是一个复杂的融资管理与运营系统，对开发项目的可行性研究和程序设计是融资成败的关键。这一融资创新能够实现融资规模和融资渠道的扩大，能够在现有法律法规的框架下操作，监控有力，风险能够控制。这一融资方式比较适合于大中型房地产项目开发，特别适合于大型商用、工业用房地产项目开发商。

第四节　其他创新融资——以 STO 为例

传统的募资渠道难以满足当前全球房地产行业的融资需求。我们从市场公开信息获取的 ST 项目信息和根据标准共识提供咨询服务的项目信息判断，房地产行业面临的融资问题难以在传统募资渠道获得满足。

随着近年来比特币的火爆，作为其底层技术的区块链技术，越来越多地受到关注，各界都在积极探索区块链技术在不同领域的应用[①]。STO 以它灵活的募资方式、较低的融资成本和较高的流动性为房地产行业提供了更有效率的融资方式。

一、ST 在本质上优于股票

股票代表公司的所有权、分红权和投票权。股票持有者可以投票决策公司的经营方向和其他重要决策。在公司经营成功实现盈利的情况下，股票持有者有权参与分红。公司在 IPO 之后，股票持有者可以在股票交易升值的情况下获得资本升值收益。同股票相比，ST 不仅具有股票的以上特性，而且还更灵活，而且功能更强大。ST 的特点包括：

（1）ST 不仅可以用来像股票那样代表公司的股权，而且还可以代表其他类型资产如房地产、基金份额、艺术品，等等。

（2）公司可以在一开始就发行 ST。

（3）早期的投资者不再局限于机构客户和高净值个人投资者。对世界上任何一个角落的人，只要他拥有加密数字货币，就可以参与投资。

（4）ST 不仅可以进行 STO 以募集资金，也可以作为营销工具获得用户。

（5）参与利润分红的周期不再以年为周期。这个周期可以定制。甚至可以做到每天分配利润。

（6）ST 在 STO 之后，可以马上开始在二级市场流通。不像股票那样，需要等到 IPO 时才可以在二级市场流通。

（7）ST 的持有者不再局限于投资者和经营者，而且还包括

① 刘瑜恒，周沙骑．证券区块链的应用探索、问题挑战与监管对策 [J]. 金融监管研究，2017(04)：89-109.

产品用户。

公司的价值不仅靠投资者出资和经营者经营，而且靠产品用户的直接购买贡献。

(8) ST 不是像股票一样保存在一个中央清算公司和资产托管公司，而是保存在一条资产链上。它的安全由技术保证，而不是由一个机构来保证。因此通证存储和流通的成本比股票低。因此用户的收益会更多。

(9) ST 交易可以像外汇交易那样 7×24 小时，而不是像股票那样每天有有限的交易时间。

(10) 用户可以在自己的钱包中，很方便地把 ST 与数字货币进行兑换。并使用数字货币进行购物。

(11) ST 的流通不再受国界限制。在全球任何一个地方都可以交易并使用 ST。

二、STO 项目在逐渐出现

STO 这个词是最近才出现的，通常用于特指在美国的相关监管制度下，基于通证的证券属性进行的公开资金募集。但在实际上，在 2017 年，已经有项目按照这种方式进行资金募集。在 2018 年，更多的股权项目采用这种方式进行资金募集。

在 2018 年，房地产行业的项目也开始积极采用 STO 的方式进行资金募集。房地产领域中的资产管理是区块链和 ST 的一个最佳应用领域。在另外一篇文章 (如何用证券型通证盘活房地产中的资产) 中进行了说明。相对于公司股权项目，房地产行业的项目体量大，有实体的资产支持，因此受到投资者的青睐。此类项目中比较著名的案例是 St. Reggis 旗下的 Aspen Coins 项目。这个项目是基于一个地产项目的一千八百万美元的 STO 融资。

这个项目相对于传统的平均规模90亿美元的REIT项目，STO的优越性非常明显。此外，其他的一些在美国的房地产STO项目也在进行当中。

目前在美国应用STO的第三个领域是私募基金的募集和管理。将区块链和证券型通证应用在私募基金领域中资金募集和管理同样是一个非常好的应用领域。另外一篇文章（如何用区块链和证券型通证改进私募基金管理）也对此进行了说明。实际上，美国的一个新兴的ST发行平台Securitize就是从私募基金SpiceVC衍生出来的。

三、房地产行业正在经历一次ST变革

区块链技术进入房地产市场最早可以追溯到2017年：2017年10月，TechCrunch的创始人Michael Arrington用一份Ethereum智能合约在乌克兰购买了一套公寓，开创了区块链进入房地产业的历史。

而现在无论从市场上可获取公开信息的ST项目还是根据标准共识提供咨询服务的项目信息来看，我们可以确定：全球房地产行业正在经历一次应用区块链技术的革新。

在78个ST的项目中，房地产项目就占了近20%，在传统行业中所占比例是最高的。

以STO为融资手段的房地产行业项目自2019年初开始，此类项目的数量在1～2个月的时间内翻了近一倍。在这么短的时间内，涌现出这么多房地产行业STO项目，我们从中可以看出，STO作为企业的融资方式已经被越来越多房地产企业接受。另外在当前大的经济背景和融资环境下，房地产这样的传统行业需要大量资金满足企业发展需求。显而易见传统融资渠道已经不能完

全满足房地产企业发展需要。

四、ST 是房地产行业的未来

房地产市场成为 ST 等融资新手段和新技术革新旧产业格局的绝佳领域，原因可以从两方面来总结：

（一）房地产市场自身方面

首先传统的房地产投资市场面临的最大两个问题就是：流动性差和准入门槛高。

1. 流动性差

房地产价值量大、占用资金多，而且传统的房地产交易的周期很长，是影响房地产的流动性和变现性的因素。这些因素导致了房地产投资者在急需现金的时候却无法将手中的房地产尽快脱手，或者即使脱手也难达到合理的价格。

2. 准入门槛高

由于目前的房地产市场需要大量投资和资本注入，投资者很难将其投资组合多样化。大量的个人小散户投资者无法通过房地产来分散投资组合。

除了不足，房地产市场的优点也是能够吸引新技术和人才的原因。

房地产市场作为全球最大的投资市场，其中巨大的投资潜力是其成为吸引新技术和新人才的最佳领域的原因。

虽然房地产行业历史悠久，但 MBS 这类新金融产品的投资者教育普及，该行业对 STO 接受程度普遍较高。

（二）ST 技术的优势

提高流动性。针对房产类的资产性质来说，ST 可以将此类资产分割成更小的证券单位，易于更多投资人参与房地产投资，使其有更大的灵活性和多样性，并提高了流动性。

1. 降低投资门槛

将大型资产切割以后，普通投资者就可以购买任意数量的ST，比如你只需要花100美元购买100个 ××token，就可以得到一个东南亚正在修建的“双子星大厦”的资产收益权，更多人得以进入房地产投资领域。

2. 拓宽投资范围

目前常见的房地产投资信托基金（REIT）投资范围通常较窄，而那些正在开发中的优质地产项目普通投资者也无法参与。ST可以大大拓展房地产投资的标的选择范围，而且因为Token的交易是线上完成，理论上全球的投资者都可以从世界范围的房地产投资中获益。

3. 降低项目方的交易费用

无论是发起IPO还是发行RET，项目方都需要花费很高的手续费、中间人费用。而ST取消了中间人，项目方得以直接向投资者募集资金。

4. 申报流程和手续更简单

类似RegD等ST发行豁免方式的流程中，并不需要披露烦琐的财务信息，也大大缩短了项目所需时间。

从2018年到现在的统计数据，已经验证了标准共识的判断：房地产行业的融资手段迎接ST革新是一个明确的趋势。

结束语

土地和融资被称为房地产开发企业的“两条生命线”，房地产企业的融资历来是热点问题。我国正在经历从粗放式到集约式的新一轮产业调整。房地产企业应根据房地产生命周期理论选择融资策略，努力实现创新的高质量发展。

首先，房地产业在我国经济发展中起着重要作用。在行业的蓬勃发展和国家的密集调控之后，作为高度资本密集的行业，房地产公司的资金需求仍然是运营的重中之重。随着市场环境和金融环境的变化，房地产公司需要寻找新的融资途径以适应当前的经营和未来的发展。

其次，与其他一般产业相比，房地产业具有明显的特殊性。房地产业的最重要特征之一是其与金融业的密切关系。

房地产行业对资金的需求很大，资金的运作贯穿房地产开发的整个周期。一方面，金融业是房地产企业的主要资金来源。另一方面，房地产业的融资行为也为金融业提供了高额的利润回报。房地产金融业务是金融业务的重要组成部分。因此，房地产业与金融业是相互依存、共同发展、密不可分的。

再次，企业在不断发展，融资策略也应该随之发展。在生命周期的每个阶段，房地产企业应根据各自阶段的特点，采取不同的融资策略，以适应当时企业的发展。每个阶段采用的融资组合是否正确对企业的生存和可持续发展都具有非常重要的影响。

最后，生命周期理论和思想是房地产企业制定融资策略的基本出发点，是构建多元化融资模式的基础。根据企业生命周期选择融资决策，建立多元化的融资理论，使该领域的研究更规范，更科学。最终目的是促进整个行业的结构调整和资源的优化配置，实现房地产的企业集团化和规模化建设，促进房地产业的跨越式发展。

总之，我国正在经历新一轮的产业调整。融资问题是房地产企业健康发展的关键。它对房地产企业的发展具有前瞻性、根本性和决定性意义。基于房地产生命周期理论，建立新型的多元化融资模式，有助于房地产企业积极运用相关政策，加强内部公司治理，调整资本结构，确保融资渠道畅通。

由于时间仓促以及其他条件的限制，本书对房地产生命周期融资与发展创新的探究还有诸多不足。这些都是笔者将在未来一段时间努力加以补充的内容。

参 考 文 献

[1] 李焕林，张丞 . 房地产金融 [M]. 大连：东北财经大学出版社，2012.

[2] 董藩，王家庭 . 房地产金融 [M]. 大连：东北财经大学出版社，2009.

[3] 李菁 . 房地产金融 [M]. 北京：首都经济贸易大学出版社，2014.

[4] 董藩，李英 . 房地产金融第 4 版 [M]. 大连：东北财经大学出版社，2014.

[5] 李艳虹 . 房地产金融 [M]. 广州：广东经济出版社，2000.

[6] 饶海琴 . 房地产金融 [M]. 上海：格致出版社，2008.

[7] 郭晨 . 论房地产企业的融资环境和模式——以万科地产为例 [J]. 中外企业家，2018(13)：32-33.

[8] 邓永成 . 房地产营销 [M]. 上海：立信会计出版社，2004.

[9] 任莉 . 中国房地产融资研究 [D]. 广州：广东省社会科学院，2014.

[10] 黄德忠，阳秋林 . 房地产项目融资模式的探讨 [J]. 中小企业管理与科技 (上旬刊)，2009(10)：69-70.

[11] 庞艳桃 . 高新技术企业可持续成长机理研究 [M]. 武汉：湖北科学技术出版社，2010.

[12] 黄明刚 . 互联网金融与中小企业融资模式创新研究 [M]. 北京：中国金融出版社，2016.

[13] 王山慧 . 中国上市公司 R&D 投资的融资约束研究 [M].

杭州：浙江大学出版社，2018.

[14] 于美杰 . 房地产企业融资风险及管理问题研究 [J]. 中国市场，2019(30)：41-42.

[15] 张秋叶 . 浅谈中外企业融资顺序差异问题 [J]. 中外企业家，2019(31)：44-45.

[16] 吴先林 . 浅析房地产企业融资的困境及对策 [J]. 中国经贸，2018，(21)：97-98.

[17] 阎大颖 . 公司金融学第 2 版 [M]. 厦门：厦门大学出版社，2014.

[18] 陈晓红等 . 中小企业融资创新与信用担保 [M]. 北京：中国人民大学出版社，2003.

[19] 李政丹 . 国际金融教程 [M]. 北京：中国金融出版社，2010.

[20] 王贵水 . 你一定要懂的经济学知识 [M]. 北京：北京工业大学出版社，2015.

[21] 范如国 . 企业并购理论 [M]. 武汉：武汉大学出版社，2003.

[22] 蒋政 . 融资方略 [M]. 北京：经济管理出版社，2003.

[23] 王淑芳 . 我国房地产企业融资渠道困境与创新 [J]. 现代经济信息，2019(16)：293-294.

[24] 陈治年 . 中小房地产企业融资困境及对策研究 [D]. 南宁：广西大学，2012.

[25] 徐霞 . 基于夹层融资的房地产企业创新融资方案 [J]. 财会通讯，2016(08)：14-16.

[26] 刘尔思 . 一种与 REITs 相结合的融资技术创新研究 [J]. 经济问题探索，2010(10)：60-64.

[27] 刘瑜恒，周沙骑．证券区块链的应用探索、问题挑战与监管对策 [J]. 金融监管研究，2017(04)：89-109.

[28] 史永进．基于生命周期理论的房企融资策略研究——以万科为例 [J]. 财会通讯，2018(08)：13-16.

[29] 江苏省高级人民法院课题组，李玉生，潘军锋．房地产调控背景下房地产纠纷风险防控及司法对策 [J]. 人民司法 (应用)，2018(04)：48-56.

[30] 向文彬．基于生命周期理论的房地产开发企业融资方式研究 [J]. 知识经济，2008(02)：95+99.

[31] 杨艳，韦继山，陈收．企业生命阶段与融资结构：管理者风险偏好的调节作用 [J]. 财会通讯，2016(06)：88-91.

[32] 胡启昕．我国房地产企业融资问题探讨 [J]. 山西农经，2016(04)：75.

[33] 吴钟会．中小型房地产企业的资本运营战略 [J]. 上海企业，2009(08)：28-31.

[34] 彭杰，黄娅妮．房地产金融市场融资现状、问题及解决对策 [J]. 商业文化 (学术版)，2009(09)：90-91.

[35] 许淑华．中小房地产企业差异化融资策略 [J]. 上海房地，2012(02)：27-28.

[36] 上官鸣，黄冲，赵富明．基于生命周期理论的企业资本结构研究——以房地产上市公司为例 [J]. 财会通讯，2012 (08)：56-58.

[37] 王琦．房地产公司资本运营的发展战略分析 [J]. 会计师，2019(19)：27-28.

[38] 崔艺馨．对房地产企业新型融资模式分析的研究 [J]. 华北国土资源，2014(03)：121-122.

[39] 姚薇 . 房地产行业生命周期的划分 [J]. 东方企业文化，2011(22)：84.

[40] 刘旦 . 我国房地产企业商业模式研究 [J]. 环渤海经济瞭望，2013(02)：30-35.

[41] 李铭 . 企业的融资渠道和风险分析——以房地产企业为例 [J]. 中国集体经济，2013(21)：42-43.

[42] 李升 . 地方政府投融资方式的选择与地方政府债务风险 [J]. 中央财经大学学报，2019(02)：3-12.

[43] 张开玄，王思博 . 基于生命周期理论的房地产开发公司融资分析 [J]. 新西部 (理论版)，2015(14)：62-63.

[44] 刘小丽，唐莹莹 . 基于项目周期理论的房地产企业资金链风险管理研究 [J]. 财会通讯，2010(35)：142-143.